混合式教学模式对大学生高阶学习效能的影响及实践研究

王 荟 著

新华出版社

图书在版编目（CIP）数据

混合式教学模式对大学生高阶学习效能的影响及实践
研究 / 王荟著 . -- 北京 : 新华出版社 , 2024.3
ISBN 978-7-5166-7342-3

Ⅰ . ①混… Ⅱ . ①王… Ⅲ . ①高等学校 – 教学模式 –
研究 – 中国 Ⅳ . ① G642

中国国家版本馆 CIP 数据核字 (2024) 第 058643 号

混合式教学模式对大学生高阶学习效能的影响及实践研究

作　　者：王　荟

责任编辑：唐波勇　　　　　　　封面设计：优盛文化

出版发行：新华出版社

地　　址：北京石景山区京原路 8 号　　邮　　编：100040

网　　址：http://www.xinhuapub.com

经　　销：新华书店、新华出版社天猫旗舰店、京东旗舰店及各大网店

购书热线：010-63077122　　　中国新闻书店购书热线：010-63072012

照　　排：优盛文化

印　　刷：河北万卷印刷有限公司

成品尺寸：170mm×240mm

印　　张：13.5　　　　　　　　字　　数：210 千字

版　　次：2024 年 3 月第一版　　印　　次：2024 年 3 月第一次印刷

书　　号：ISBN 978-7-5166-7342-3

定　　价：78.00 元

前　言

通过高层次的认知行为，包括反思、批评、整合、创造等，培养学生在知识建构和迁移中的高阶学习效能，培养学生终身学习的意识和能力，这对促进我国实现人口大国向人力资源强国转型具有重要意义。如何成为一个有强大竞争力的国家？教育是主战场。课堂是教师立德树人、教书育人的主要场所，也是学生接受知识以及自我成长的主要场所。在课堂学习资源优化以及学习方法的选择上，如何步入更高层次的学习领域进行学习是现阶段开展教育教学改革需要重视的课题。本书在研究过程中也指出，高层次学习效能涵盖了极为广泛的空间，涉及的领域非常多，学者在研究过程中也开展了丰富的论证，研究出来的路径及其方法是庞大的。

本书在研究过程中注重影响因素模型的构建，采取探索性数据分析方法、准实验研究方法、调查研究方法、结构方程建模等方法探讨基于混合式教学如何支持高阶学习效能。在此次研究过程中，我们探讨了如下问题：一是如何构建新型基于信息化的混合教学模式；二是混合式教学策略能否促进大学生高阶学习效能的提升；三是基于信息化的混合式教学模式的实践范式，并以相关专业为例。

全书分为六个章节：

第一章主要介绍研究背景及其意义，对问题与目标进行确认，对研究内容与方法进行介绍，从而阐明本书的创新性。

第二章通过文献分析，找出在"高阶学习效能""混合教学研究"和"混合教学"方面的研究重点，以此开展教学实践。本书在研究过程中对高阶学习效能、混合式教学以及基于信息化的混合式教学等概念进行了重新界定，并对其主要特点进行描述，重新梳理了与混合式教学相关的研究现状，对于其中的学科分布有了更为详细的感知，从而促进了优质信息资源的挖掘。在研究学习了国内外混合式教学模式的典型案例后，作者结合学校特点和学生实际，提出了"一平台双主体三阶段"一体化设计的基于云学习的新教学模式的构架。一平台，即云教学平台；双主体，即学生主体、教师主导，两者不可偏废；三阶段，即课前平台自主学习、课中知识内化学习、课后平台拓展评价提升。与传统教学只关注课堂中的教学相比，混合式教学关注的是课前、课中、课后一体化教学设计，充分运用互联网技术进行互动教学活动设计，实现多种教与学活动的混合，更注重学生批判性思维、创造性思维和发散性思维的培养。

第三章主要对混合式教学提升学习效能的机制进行探析，探讨混合式教学对大学生高阶学习效能的影响。对各类因素进行梳理，明确研究假设，并以此为依据构筑科学的理论模型，对混合式教学提升学习效能的机制进行探讨。在此次研究过程中，主要采用问卷调查这一方式来收集相关数据，着重分析具体数据，探讨理论模型的有效性，进而形成最终的高阶学习效能影响因素模型。混合式教学提供了多样化的教学资源和学习活动，使学生可以根据自己的学习风格和节奏进行个性化学习，使学生可以选择适合自己的学习方式和学习时间，更好地掌握知识。

第四章主要对基于信息化技术的教学模式改革与实践的理论进行探索，关注教学如何适应信息化时代的发展需求，提高教学质量的问题。本章主要探讨如何基于信息化技术改变传统的教学模式，探索新的、更适应信息化时代发展需求的教学模式，设计基于信息化技术的教学课程和教学资源，以及如何评价这些教学设计的效果。例如，研究如何设计互动式、具有个性化的教学资源，以及研究如何评价学生在这种教学模式下的学习效果。引导教师适应信息化技术的教学模式，从"传授知识"向"引导学习者构建知识"转变，提高教师使用信息化技术的能力。引导学生自主学习，提高他们使用信息化技术进行学习的能力，帮助学生找到合适的学习策略，有效地利用信息化技术获取知识。通过实地观察、问卷调查等方法收集数据，分析、解释和评估基于信息化技术教学模式改革的效果；通过调查，对信息化技术教学模式改革与实践理论进行验证和评价；了解教师和学生在基于信息化技术教学模式下的实际行为和体验,进而评估教学模式改革的效果;通过对这些指标的调查和分析,可以得出结论,验证基于信息化技术教学模式改革的效果,为教学提供改进的方向,提高教学质量和效果,推动教育的现代化发展。

第五章是教学实践研究,通过解读相关课程标准,明确具体的课程目标、教学内容、教学方法、评估和考核标准等,为教师和学校提供统一的教学指导,确保学生能够获得全面的、高质量的教育。通过解读课程标准,教师能更好地了解课程设置的意图和课程要求,有效地组织和开展教学活动,为学生提供个性化的学习体验,同时帮助学生更好地理解学习目标和要求,提高学习效果。教学设计涵盖具体教学目标描述、教学准备、教学过程、教学评价、教学反思与调整,具体的教学设计可以根据实际情况进行灵活调整和修改。本章对混合式教学实施框架进行了架构,设计了两种类型的教学,来验证混合式教学策略可以提高反思性学习效能和综合学习效能。同时,设计了验证实验,运用这一方式来对混合式教学策略进行验证,以促进学生学习效能的提高。如果将混合式教学策略与认知工具思维导图结合使用,会使学习效果更好。在教学干预前后,对参加两次教学实验的参与者进行了基于心理测量的高阶思维能力和倾向测试,来探究基于混合式教学策略进行教学干预后受试者高阶思维的变化。

第六章是理论总结与对混合式教学模式未来发展的展望。本书对优秀的教学实践经验和理论进行了总结,并高度重视数据的有效运用,以对研究范式进行分析。此次研究是以混合式教学的课堂实践为切入点的,对混合式教学实践框架的有效性进行了论证,在此过程中对理论进行了总结,并对混合式教学模式未来发展进行了展望。

结上所述,本书得出了如下结论:一是基于信息化的混合式教学旨在帮助学生克服不同学习环境带来的学习障碍,对所学的知识形成系统、完整的理解。二是学生对混合式教学感知有用、感知易用,产生信任,从而产生正向学习态度、学习兴趣、学习动机、学习自我感知,从而提升高阶学习效能。在此过程中所提出的模型能够对各个因素对高阶学习效能所产生的影响进行全方位的解释。三是基于信息化混合式教学策略能够保障反思性学习效能的进一步提升，也能够为整合性学习效能的强化奠定基础。四是基于信息化混合式教学的课堂教学实践框架，可以指导混合式教学策略的落实，有效促进高阶学习效能的提升。

目　录

第一章 绪论

一、研究背景与意义

（一）研究背景

1.混合式教学符合新时代人才培养要求

在"互联网+教育"时代，各院校信息化校园建设迈向了智慧校园。在这一趋势下，以往的班级授课制受到了很大的冲击。现阶段学生逐渐掌握学习的主动权，学生才是课堂的主体。在开展教育教学工作时，丰富的学习资源涌现出来，学生能更好地获取学习知识，能够更好地抓住问题的关键，通过参与各类活动来提升创新力。

美国的教育工作发展极为迅速，首次提出的在线学习更是混合式学习的基石。笔者在研究过程中发现，早在可汗学院出现之前，美国学生就拥有极为丰富的在线学习经历。到 2000 年，美国有 4 万名中小学生至少选修过一门在线课程。

美国等国在实施混合式教学模式方面已积累了一定的教学实践经验，形成了一些典型模式，这些模式发展得相对较为成熟，近些年也逐渐应用于各级教育领域。在研究过程中，笔者对国外的文献资料也进行了深度的梳理，其中发现学者极为注重概念描述以及理论框架方面的研究工作，而对应用层面的研究则相对较少。

我国学者何克抗教授首次提出了混合式教学的概念（何克抗，2004）。他认为这一教学模式能够充分发挥传统教学方式以及在线教学方式的诸多优势，不仅能够将教师的引领作用充分发挥出来，还能够让学生在学习过程中更加自主。

从现有的文献资料来看，大部分学者认为这一教学模式在实践教学中取得的效果是显著的，但也有部分学者指出实施这一教学模式开展教育教学工作所取得的效果与实施传统教学模式并无差异。在职业教育领域，尤其是各大高校进行混合式教学模式方面研究的资料非常少，缺乏可供参考的教学设计方案；没有多少可供参考的实践案例，也没有对混合式教学实际效果进行实证研究。因此，高校相关专业如何开展混合式教学以及混合式教学效果如何，还有待进一步实践验证。

2. 混合式教学为大学生学习效能提升提供了可行路径

在近些年的发展过程中，国家极为重视教育教学工作的改革和优化。《国家教育事业发展"十三五"规划》明确提出，要注重线上线下相结合的学习模式的探索和运用。《教育部关于加强高等学校在线开放课程建设应用与管理的意见》也指出，高校在日常工作中要结合人才培养目标和需求，通过多种方式应用在线开放课程，如在线学习、在线学习和课堂教学等，要高度重视校内、校际课程共享和应用模式的创新发展。要想保障教育改革工作取得新的突破，那么首先需要注重课堂教育质量的提升。教育部前部长陈宝生指出，教育工作的主战场仍然在课堂，课堂能否发挥作用，决定着学生个人的发展情况，也决定着一个国家的命运和走向，只有在课堂层面深化改革，才能真正凸显教育教学工作的优势。要想保障人才质量的稳步提升，首先需要注重教育以及课堂等要素的转变。近些年，各类先进技术的进一步发展，使大学生的学习方式也发生了翻天覆地的变化。互联网技术的广泛运用使信息传播的成本被进一步压缩，学生拥有了更加丰富的信息来源。在掌握书本知识的同时，学生能够获得更多、更广泛的课外知识，能够进行全方位的探索。在此过程中，师生在课堂上的教与学的行为也需要与时俱进，而混合式教学充分整合了线上以及线下教育模式的优势，能够促进学生学习效率的进一步提升。学者在研究过程中也指出，这一模式作用的充分发挥也有相应的约束条件，需要在工作实践中不断进行突破。

3. 混合式教学策略需要优质的信息化资源提供支持

在近些年的发展过程中，教育部紧跟时代发展，出台了《教育部关于加强高等学校在线开放课程建设应用和管理的意见》等诸多方针政策，在上述文件当中就明确提出高校要注重各类课程在线资源的整合工作，在发展教育教学工作的同时，推动现代信息技术的有效运用，同时要注重教育理念的转变、教育模式的深化，在实践过程中加大混合式教学创新力度，只有这样才能保障人才质量的稳步提升。诸多教育工作者都极为注重混合式教学策略的有效运用。混合式教学策略充分发挥了线上线下教育的优势，但也有很多问题涌现出来，如教育质量不高等问题。为了改善这一局面，对于现有的混合式教育，要注重开展全方位的教学设计，确保混合式教学模式能够适应本土教育的发展。通过对优秀案例的梳理和总结，可以充分发挥混合式教学模式的优势，这对在线教学质量的提升具有至关重要的作用。

（二）研究意义

1. 本书旨在探索促进大学生提升课堂学习效率的方向，梳理国内外关于混合式教学模式的理论依据，对云学习的混合式教学模式的优缺点进行总结。在此过程中，充分整合传统教学模式以及数字化教学模式的相关优势，不仅需要注重发挥教师引领作用，也要充分发挥学生的能动性，创设一种全新的学习环境，以培养学生的创造力、创新能力、探究实践能力，推动学生个性化发展。这种教与学的模式或环境不仅能满足各专业培养学生技能的要求，还能够促进自主探索以及多重交互等诸多新型学习方式的构建，突出学生的主体地位，提高学生核心素养和能力，使学生的主观能动性得到充分发挥，促进教学结构的根本性变革。

2. 对企业职业岗位能力要求和大学毕业生能力调查资料进行对比分析。通过对比分析，按照人才培养要求，构建基于云学习的混合式教学模式，并通过实验验证了混合式教学模式在教学实践中有效性。建成 1 门相关专业课程理论实践一体化课程标准和数字化教学资源，作为范例，并用于各专业教学实践，实现了信息化资源开发校本化，为各专业数字化课程资源的开发提供实践经验。通过研究，改变传统的教学评价方式，变单一的结果性评价为以形成性评价为主，兼顾结果性评价的多元化评价，引导学生积极参与新教学模式改革，培养信息化学习能力和信息处理能力。

3. 探索利用数据驱动优化混合教学。笔者在研究过程中发现，研究假设是传统研究范式中的主要驱动力，这一方式所涉及的环节包括设计实验以及收集和分析实验数据等相关内容，这一方式更加注重演绎的重要性，但对归纳却不够重视。本研究采用传统研究范式构建并论证"混合式教学模式对大学生高阶学习效能的影响"的理论命题。多维度收集相关数据，并基于对这些数据的分析得出结论，挖掘隐藏在数据背后的客观教学规律，探索和优化混合教学策略。在本研究中，对于研究范式也进行了创新，更加注重归纳过程，尤其重视数据的分析工作。

二、研究问题与目标

（一）研究问题

将高阶学习效能以及基于信息化的混合式教学的核心概念进行抽取，将利用已经存在的优质信息化资源支持混合教学，向着基于信息化的混合式教学的方向发展，对上述概念的特征，内涵及其核心构成等相关内容进行梳理和分析，能够更好地总结实践规律，通过整合成功经验更好地达成本书的研究效果。在此次研究过程中，本书主要围绕如下问题开展研究工作：

1. 如何构建新型信息化混合教学模式

2. 混合式教学策略能否促进大学生高阶学习效能

3. 基于信息化混合式教学模式教学实践范式，以五年一贯制相关专业为例

（二）研究目标

本书选择理论以及实践这两个切入点开展研究工作，希望能够顺利实现如下研究目标。

1. 界定"高阶学习效能"与"基于信息化的混合式教学"的概念

2. 架构新的信息化的混合式教学模式

3. 探究混合式教学策略促进大学生高阶学习效能的机制、原理

4. 验证混合式教学策略能够促进大学生的高阶学习效能

5. 归纳与总结提升大学生高阶学习效能的混合式教学实践框架

三、研究内容与方法

（一）研究内容

本书对高阶学习效能、基于信息化的混合式教学进行了全方位的梳理，理论层面上研究内容如下：第一，明确界定上述概念的核心内涵；第二，对国内外混合式教学研究的切入点，以及国内关于混合式教学在学科分布方面的状况进行了梳理，确保今后的教学设计能够更好地甄别优质信息化资源，在理论层面上更好地切入课题研究；第三，架构新的信息化的混合式教学模式；第四，对上述两个概念的逻辑关系进行了充分的梳理，为了保障研究结果的科学性，提出了相应的假设，并选择科学手法验证假设；第五，对上述两个概念及其影响因素之间存在的相互作用及其影响机制进行全方位的解释。

在实践层面上研究内容如下：第一，以理论研究为基础开展教学设计工作，并且在课堂教学过程中进行落实；第二，对上述两个概念之间存在的影响因素进行论证，设计科学的论证方案；第三，结合上述经验及过程数据，对教学实践框架进行总结归纳，凸显教学实践工作的核心效用，在此次研究过程中具体内容如下所示：

1. 界定核心概念的研究范畴，梳理混合式教学发展现状

本书的研究主要是对"高阶学习效能"和"基于信息化的混合式教学"这两个核心概念进行界定，除此之外也需要对混合式教学的现状及其学科分布进行梳理，具体涵盖了如下几个方面的内容：①对两个概念的属性及其特征进行分析；②对概念的内涵及其外延进行明确；③对概念的范畴进行明确；④对与这两个核心概念存在联系的其他概念进行辨别；⑤对上述两个概念的内涵进行界定，并深入探讨其隐含内容；⑥分析国内外混合式研究的具体方向；⑦分析我国高校在现阶段发展过程中混合式教学学科的分布状况。

2. 构建新的基于信息化的混合式教学模式

在新时期发展过程中，不仅需要充分发挥传统教学的优势，更是需要

将数字化的优势充分发挥，教师要积极进行引导，学生则需要在课堂上充分发挥主观能动性，提高自身的创造力，创设一种全新的学习环境，以培养学生的创造力、创新能力、探究实践能力和学生个性化发展为目标开展教学工作。这种教与学的模式或环境不仅能满足培养学生技能方面的要求，还能通过开展合作学习等诸多新型学习方式，将学生的学习兴趣进行激发，充分凸显学生的主体地位，提高学生核心素养和能力。运用这一方式，学生能够真正感受到学习所带来的乐趣，对于课堂教学结构的变革也能够起到指引作用。

3. 探索基于信息化的混合式教学提升高阶学习效能的作用机制

该部分研究内容主要是探索在基于信息化的混合式教学情境下，与大学生开展高阶学习相关的构成要素及其影响因素，可以在进一步剖析信息化发展的前提下，明确混合式教学工作中各个核心要素的相互作用关系，作用机制将从以下几个方面进行分析：①引导学生对混合式教学感知有用、感知易用，产生信任，从而激发正向学习态度、学习兴趣、学习动机、学习自我感知，从而提升高阶学习效能；②掌握各个影响因素与大学生高阶学习效能的各个要素之间形成的逻辑关系，最终促成相关研究假设的形成；③构建理论模型，将研究假设涵盖其中，并进行论证；④对数据进行收集并调查，并且对各类假设进行验证，根据最终调研结果对模型进行修正，确保最终构建的理论模型科学有效。

4. 论证基于信息化的混合式教学能够提升学生高阶学习效能

该部分研究内容主要涵盖了对经典教育理论以及教学设计原则等诸多内容的梳理，结合实际情况开展教学设计工作，并且在课堂内部进行实践操作，设计教学实验论证学生对混合式教学感知有用、感知易用，产生信任，从而激发正向学习态度、学习兴趣、学习动机、学习自我感知，提升高阶学习效能。具体包括以下工作：①以上述研究为基础，对混合式教学情景下的课堂教学进行设计，保障大学生高阶学习效能的顺利提升；②设计教学实验，论证基于信息化的混合式教学策略能够促进大学生的高阶学习效能的提升；③进行高阶思维检测，对参与两类教学模式下的教学活动的大学生进行思维能力及倾向测量，运用数据来更加精准地判断高阶思维的变化过程。

5.总结能够有效提升高阶学习效能的基于信息化的混合式教学实践范式

上述研究内容主要涵盖如下组成部分：①对前文的各类先进实践经验进行总结，在对研究范式进行分析时注重数据的重要作用，将课堂实践的架构进行总结归纳；②注重有效性课堂教学的设计，并对该实践框架进行论证；③对验证实验进行设计，通过收集的最终表现数据来论证实践框架对于教学效果提升所带来的积极影响。

（二）研究方法

1.准实验研究法

本书之所以选择准实验研究法，主要是因为存在无法完全随机分组的状况，而为了增强实验情境的真实性，尽一切可能与实际情况相切合，因此不得不采用原始群体来进行实验处理。这一方法的科学性已经受到了认可，对于本书的研究也是极为适用的。本书在研究过程中实验组与控制组的相等程度无法获知，这就导致了最终获取的实验结果无法明确到底是实验处理的单独作用还是各类因素的混合所导致的，在对教学模式是否能够使学生产生预期的教学效果这一问题进行论证时，采取这一研究方案是适宜的。

2.调查研究法

在开展研究时，之所以运用调查研究法，主要是为了将重逻辑的思辨研究方法进行区分，对于重视证据的调查研究法更加注重，为了保障最终研究结果的科学性，本书广泛运用问卷调查法以及文献研究法等诸多调查方法。在对较大人群的样本进行研究时，通常需要结合问卷调查的这一方式，为了获得第一手的数据资料，往往需要采取提问的形式，对于所关心的问题进行统计性的描述及其评价，从而获得研究成果的一种方法。为了更明确地感知学生课堂高阶学习的状况，以及他们对于学习过程的态度及其对内容的理解，因此采用这一方法能够更顺利地达成这一目的。运用访谈法，需要调查者与被调查者之间进行1对1的问答，从而获得相应资料。研究时运用这一方式，能够更加明确地了解学生对于学习过程的认知及其情感等相关状况。文献研究也称为文献调查以及文献分析，需要对文献进行收集和分析，从而形成对客观事物的认知。上述方法的综合运用对基于信息化的混合式教学以及高阶学习效能这两个核心概念的梳理和对其内涵的深入挖掘，起到了积极作用。

3. 结构方程模型法

在开展多元数据分析过程中，为了保障最终数据分析结果的科学性，往往会采取结构方程模型法。它是以变量的协方差矩阵为切入点，开展分析工作的。运用这一方法，首先能对多个因变量同时进行处理，其次自变量和因变量之间的测量误差都被涵盖其中，除此之外，也能够对因子结构和因子关系同时进行估计，还能够让具备更大弹性的测量模型参与课题研究，能够对模型的拟合程度进行更加精准的估计。采取这一方式，主要是为了对上述两大核心概念及其子概念之间相互影响与作用的关系进行梳理。

4. 探索性数据分析法

约翰·图基（John Tukey）指出，探索性数据分析是一种以数据可视化为主要方式的数据分析方法。本书引入这一方法的主要目的是对数据的原理进行全方位的洞悉，并对蕴含其中的数据结构进行发现，将重要变量抽取出来，将离群值和异常值精准检测出来，对于课题中的各类假设也进行精准的测量，对数据的精简模型进行发展，对优化因子设置进行确定。运用这一方法，主要是对数据本身的特性进行关注。在具体工作过程中，这一方式的有效运用能够对预解决的问题进行明确，能够对与问题相关的数据进行精准的收集，还能够精准分析数据，对于最终精确结果的获取起到了促进作用。

四、研究特色与创新

本研究的创新之处主要体现在以下四个方面：第一，构架新的基于信息化的混合式教学模式；第二，对基于信息化的混合式教学情境下影响大学生高阶学习效能的主要因素进行探索；第三，需要对大学生学习数据的分析结论等进行充分归纳，并且对基于信息化的混合式教学课堂实践框架进行归纳，对课堂教学进行设计；第四，需要结合实证研究这一方式，对基于信息化的混合式教学对大学生高阶学习效能产生的积极影响进行检验。

理论层面的创新体现在以下四个方面：第一，论证学生对混合式教学感知有用、感知易用，产生信任，从而激发正向学习态度、学习兴趣、学习动机、学习自我感知，提升高阶学习效能；第二，构建基于信息化的混合式教学模式，并构建混合式教学情境下大学生高阶学习效能的影响因素的理论模型，对模型的合理性进行检验，对其影响要素的作用机制进行解释；第三，对教学实验进行设计，对于是否能够促成大学生的高阶学习效能提升进行全方位论证；第四，归纳总结了基于信息化的混合式教学促进大学生高阶学习效能提升的课堂教学实践框架。

第二章　相关概念分析

一、高阶学习效能

（一）高阶学习效能与相关概念辨析

1. 高阶学习效能

本书为了避免出现因为使用深度学习这一表述而造成概念混淆的状况，同时为了使对高阶学习思维及行为这一概念的界定更清晰，因此选择使用高阶学习效能这一概念进行表述。

个体对于自己能够顺利完成学业任务所产生的信念被称为高阶学习效能，在学业领域当中也是自我效能的重要表现。本书对诸多学者的研究成果进行了梳理，发现过去的理论及其研究都仅仅注重人们的知识获取和行为的反应类型，并没有注重支配上述知识和行为之间相互作用的过程。要想完成行为绩效，那么知识和转换性操作及其组成的技能都应作为必要条件而存在，但它们并不是充分条件。

一个组织和个体执行自己所需的行为的能力的信念意味着目标。学习效能感对学习目标的树立、学习行为、学习过程中对挫折以及压力的应对等产生影响。学习效能感高的人会设定较高的学习目标，在学习过程中付出更多的时间和努力，对学习过程中的挫折和压力更能积极应对；而学习效能感低的人制定学习目标时为了避免失败，设定过低的目标，在学习中付出较少时间和努力，在学习过程中遇到挫折选择回避。学习者的效能感影响学习过程，进而对学习成就也有相当大的影响。学习者的学习效能感和学习动机共同影响着学习者的学业成就。学习效果不好的学生比一般学生积累的学习失败经验多，学生的学习效能感低。根据自我实现预言理论，学习效果不佳的学生的学习效能感会随着时间的流逝而降低。王聚廷在研究过程中指出，学习效能有 4 个基本模块：学习能量主要是对学习者的心理动力进行研究，包括人的好奇心等相关内容；学习能力主要反映的是学习者对于信息的处理模式，涵盖学习者的记忆能力以及逻辑推理能力等相关内容；学习状态主要反映的是社会关系、家庭关系变化对学习者心理状况所产生的影响；学习效能感主要反映的是学习者对于自己实现特定领域行为目标所需要的能力的信心或信念。

笔者在对高阶学习效能进行界定时，主要是以高阶学习思维、关键能力以及学习行为为切入点的。通过梳理现有文献可以发现，高阶学习思维包括问题解决思维、批判性思维等，关键能力包括学会求知、学会做事等相关内容。

（1）激发高阶学习思维。在开展研究过程中，笔者发现探究活动的充分开展能够促进学生复杂知识结构的构建，能够让学生在学习过程中对概念的深层次内涵有更加深入的理解，对于高阶学习思维能力的培养所起到的作用也是极为突出的。探究学习不是一蹴而就的，探究任务的完成需要学生对各类材料进行全方位的收集，也需要对各自观念进行整合，进行逻辑推论，这样才能获得科学的结论。上述学习过程往往也存在着解决问题以及决策推理等诸多思维活动，这也与简单的记忆等思维活动存在差异。通常情况下，上述思维活动均属于高阶学习思维活动的范畴，从中也可以发现高阶学习效能往往与高阶学习思维有着极为紧密的关联，是以高阶学习思维为依托的。本书极为重视高阶学习思维状况，并将之纳入指标体系，通过对学生的高阶学习思维进行充分激发，可以促进学生高阶学习效能的提升。

（2）培养关键能力。随着时代的发展，能力的内涵也发生了翻天覆地的变化。麦克利兰（McClelland）作为美国著名心理学家，曾经在其《测量胜任力而非智力》（*Testing for Competence Rather Than for Intelligence*）中指出，动机、特质等相关内容均涵盖在能力的范围之内。加德纳（Gardner）首次提出了多元智能理论，这一理论的提出丰富了能力的内涵。在加德纳提出多元智能理论之前，大多数学者认为智力就是语言和数理逻辑能力，加德纳的多元智能理论则认为智力包含语言和数理逻辑能力，也包含音乐智力、空间智力、身体运动智力、人际关系智力和内省智力等，这些也是极为重要的能力。斯潘塞（Lyle M.Spencer）等学者在研究过程中提出冰山模型，指出人在开展某项工作时，不仅需要外协能力，还要注重潜在特质，潜在特质存在跨领域性等特征。20世纪90年代，联合国教科文组织撰写的《学习：财富蕴藏其中》就首次提出了学会求知、学会做事、学会共处和学会生存这4个学习之中。通过深入研究可以发现，多元智能理论的内涵与高阶学习思维存在相似性，冰山模型中提出的潜在特质也与高阶学习思维存在相似性。高阶学习，不仅需要注重学生语言和数理逻辑能力的培养，随着学生上述能力的进一步形成，还注重音乐智力、空间智力等能力以及相关素质的培养。

（3）观测学习行为。在研究过程中也发现思维存在间接性的特征，要想进行精准的观测和捕捉是极为困难的，这就导致了在对学生高阶思维进行观测时存在较大的难度。随着研究的进一步深入，可以发现高阶学习思维与高阶学习行为往往是相伴而生的。学生在完成探究学习任务过程中形成的行为的集合，称为高阶学习行为。要想对学生高阶学习思维状况进行有效的观测，就需要对学生的探究学习行为集合进行梳理，结合上文可以发现，学生要想顺利完成探究任务，那么就需要做到如下两点。第一，运用类比分析以及总结归纳的方法，对诸多探究任务进行充分总结，从而寻找出通用规律。第二，由于学生现有水平和潜在水平之间存在差距，这就需要注重教学支架的有效运用，只有对自身实践进行充分的反思，才能够让学生在学习过程中获取重构与表征探究问题的可能，这将有利于顿悟的出现。

综上所述，高阶学习效能的概念是极为广泛的，在对高阶学习效能的概念进行剖析时，需要从思维、能力以及行为这三个层面开展，运用这一方式可以对学生发生高阶学习的完整过程进行跟踪，一旦发生高阶学习，就能够获取探求高阶学习能力本质的相关机会。不仅如此，与学生反思和整合性学习行为存在对应的学习能力与高阶学习思维之间，同样也形成了两条学习路径，这与反思性学习和整合性学习的具体概念存在一一对应关系，后文中的反思性学习和整合性学习的具体概念，与高阶学习效能概念是存在一致性，这是作为一种复合概念而存在的。

2. 高阶学习思维

本书在研究过程中指出，人脑借助于符号以及语言等对客观事物以及事物间关系等相关规律的概括以及间接反应的过程称为思维。思维作为一种高级认知过程存在，需要对事物的内部本质联系及其规律进行探索，而探索的客体则存在显著的内隐性等特征。思维在作用于客观事物的时候，需要借助相应的媒介，也需要参考已有的知识和经验，这就体现了思维对事物的反应存在间接性的特征。思维也具有概括性的特征，这主要是因为思维能够帮助人将非本质的属性进行摒弃，并对其中隐含的共同属性进行挖掘。本书在研究过程中也梳理了格式塔心理学的相关观点，格式塔学派心理学家沃尔夫冈·苛勒（Wolfgang Köhler）提出的顿悟说，认为人们遇到问题时会重组问题情境的结构，以弥补问题的缺口，从而联想起一种可行的解决方案。纽厄尔和西蒙在 1956 年提出，问题解决过程可以视为一种信息加工过程。

如果一整节课学生进行的都是低阶学习思维活动，那么学生肯定是无法深度参与的，给学生带来的发展也是极为有限的，然而课堂活动如果全部都是高阶学习思维活动，那么学生参与感也会受影响，对于学生的发展也并不完全有利，因此在开展课堂教学的过程中，需要将这两者进行有效的平衡。只有这样，才能在保障学生低阶学习思维能力高速发展的同时，高阶学习思维能力得到提高。这对于课堂教学效果的提高是极为有利的。教师在开展教育教学工作中，需要让渡一些权利给学生，让学生能够在课堂上自由自主地构建活动，并积极参与，这样也可以适应今后教育教学发展和改革的需要。

3. 有效学习

诸多学者都注重对有效教学的探讨，本书通过梳理有效教学的相关理论指出，现阶段研究主要从心理学、教育学以及知识论这三个方面切入，从心理学的角度对有效教学进行梳理，可以发现这是一组有意义的行为的集合，主要目的是综合利用具有普适性的工具构建新旧知识之间的联系。奥苏贝尔（David Pawl Ausubel）作为美国著名的认知教育心理学家，以心理机制和条件为切入点，对机械学习和有意义的学习进行了区分。他在研究过程中指出，要想更加科学地对机械学习和有意义学习进行辨别，就需要引入非人为性和实质性的内容。非人为性反映的是个人新旧知识的联系与逻辑关系是否契合，实质性反映的是选取相近含义的词语或其他等值符号来对具体的内容进行代替，运用这些方法并不会对原来的意义进行改变。结合教育学的视角开展分析，则可以发现有效学习主要是面向学生的发展。维果茨基探讨了当时学术界关于教学与发展关系的三种观点，并且通过进一步研究，首次提出了最近发展区这一概念。他认为教学应该优于发展。维果茨基通过开展一系列的实验研究，最终构筑的教学与发展的教学理论体系，对于学生的高质量发展起到了积极的作用。基于上述论断可以发现，有效学习是学生结合学习策略，自主加工学习内容，在相应时间内完成学习任务并达成学习目标，从而实现自身的高质量发展的过程。结合知识论的视角对其进行梳理，可以发现学生是否掌握了足够的知识量是有效学习发生的重点。在当今社会，人才需求极为庞大，这也导致了有效知识的内涵进一步扩展，不仅涵盖了知识以及技能，甚至包括了情感、态度等相关内容。

（二）高阶学习效能的内涵分析

1. 高阶学习

学界从 20 世纪开始就开展了关于深度学习的探讨。美国著名学者弗伦斯·马顿（Ference Marton）和罗杰·萨尔乔（Roger Saljo）在研究过程中，设计了一系列的教学实验，在他们设计的实验中，学生需要完成学术文献的阅读，并完成与之相关的内容测试，最终两位学者结合学生在教学实验中的表现以及学者在实验过程中的感悟，整理撰写了《学习的本质区别：结果和过程》。这篇文章首次提出了表层学习以及深层学习的概念，通过研究可以发现这两种学习方法对应的是不同的学习策略，一种是机械式的记忆和背诵，另一种则是对阅读材料的观点及其内涵进行阅读并理解。

2. 学习效能

王聚廷通过研究指出，要想构成学习效能，需要有四个基本模块：一是学习能量，对学习者的心理动力进行研究，包括人的本能的好奇心等；二是学习能力，包含学习者的信息处理模式等相关内容；三是心理状态，包括人际关系以及团队协作等诸多内容；四是学习者的自我效能感，即学习者对自己实现特定领域行为目标所需要的能力的信心或信念。

（三）高阶学习效能的研究焦点

1. 文献数据

为了对研究高阶学习效能的文献观点进行梳理，笔者在研究过程中选择的外文学术数据来自 A 校订购的 Web of Science（WoS）数据库核心数据集，在研究过程中选择"主题：（deep learning）OR 主题：（high-order teaching）"为检索条件，精炼依据为"类别：（education & educational research）AND 文献类型：（article）"。为了保障研究结果的科学性，选择以上述主题为来源的期刊的前 20 种作为对象，数据样本选择的是检索到了 674 篇文献，在中文学术数据当中，选取中国知网数据库，选择的检索条件为学习效能、高阶学习效能、深层学习和 G4 教育刊。CSSCI 期刊论文比较有代表性，也是本书中文文献数据的来源，共检索了 291 篇论文。

2. 文献分析结果

此次研究利用软件 VOSviewer，对中文文献数据的 291 篇文献主题关键词进行共词分析。

在软件的筛选之下，选择了如下 6 个聚类集合：第 1 个聚类集合，主要反映的是学习效能和高阶学习的相关概念，包含的关键词有 assessment（教学评价）、biology education（生物教育）、cognitive load（认知负荷）等；第 2 个聚类集合主要反映的是与学习效能和高阶学习等过程性要素，包含的关键词主要有 academic achievement（学术成就）、approach to learning（学习路径）、deep learning（深度学习）等；第 3 个聚类集合主要反映的是为了更好地实现学习效能和高阶学习的具体路径，涵盖的关键词有 applications in subject areas（学科领域的应用）、cooperative/collaborative learning（协作学习）等；第 4 个和第 5 个聚类集合主要反映的是在学习效能和高阶学习过程中体现出来的教学情景，包含 argumentation（争论）、collaboration（协作）、collaborative learning（协作学习）及 inquiry-based learning（基于调查的学习）、mobile learning（移动学习）等；第 6 个聚类集合主要包含的是实施条件，具体关键词为 inquiry learning（调查学习）、scaffolding（脚手架）。

结合上述软件的梳理结果，可以发现如下特征：国内学者开展相关研究工作时，极为重视从学生的心理学角度切入，对于学生的学习过程进行梳理；国外学者指出学生在学习过程中与教学环境是存在深层次的交互的；教师在开展教育教学工作时需要对教学设计进行全方位的优化，高度重视教学策略的制定，这样才能促进深度学习的发生；要高度重视计算机技术的有效运用，计算机作为一种教学媒介，其有效应用能够促进深度学习的实现；国外学者对于实证研究方式也是极为注重的，他们指出这些方式的科学应用能够更好地论证相关命题。

二、混合式教学

（一）相关概念

1. 翻转课堂

翻转课堂也被称为反转课堂、翻转学习或反转学习。翻转课堂教学模型的这一概念是在第 11 届大学教学国际会议上由贝克（J. Wesley Baker）首次提出的。在近些年发展过程中，翻转课堂的内涵也在进一步深化。萨尔曼·可汗（Salman Khan）以及诸多学者采取了教学视频与课堂讨论相结合的方式，使翻转课堂在理论界引起了极大的关注，尤其是在美国等地，这一概念受到了学术界的广泛认可。在近些年发展过程中，诸多学者对翻转课堂都进行了深入的研究，也在实践过程中对其进行了完善，这也使得它逐渐作为一种教学方法而存在。翻转课堂学生学习在课前就已经发生，运用这一方式对学生进行引导，让他们尽快进入学习状态，确保学生能够在学习过程中对自身的学习路径进行规划。其次，学生学习新知识与对所学知识进行复习巩固的场合出现了互换的现象，学生学习新知识的场所从课堂内转移到了课堂之外，这也是翻转课堂的核心所在，在这之前在学生学知识的过程中教师是主力，学生需要对教师讲授的内容进行倾听。随着翻转课堂这一形式的出现，学生在对新知识进行学习时，只需要观看教学视频。不仅如此，翻转课堂也意味着教师和学生所扮演的角色出现了转变。教师不再是教学的主体，而主要是以课堂管理者的身份参与学生的学习过程。教师需要组织课堂，确保学生能够在课堂中高效地开展学习，也需要注重学习支架的构建，确保学生能够在学习过程中面临复杂难题时能够更好地解决。学生的身份也发生了重大的变化，他们并不只是单纯地接收信息，也会分享知识和传递知识，并且在这一过程当中构筑新的知识体系。

2. SPOC

Armand Fox 教授率先提出了小规模限制性在线课程（Small Private Online Course，SPOC）的概念。SPOC 具备更小的学生规模，MOOC 的规模相对来说较大。SPOC 模式限定了相应的准入条件，这就使得具备私密性的特征，也被称之为"私播课"。SPOC 教学模式主要是由两种类型组成，一种是接受高等教育的在校学生，涵盖了微视频以及学习资料等诸多课程资源，除此之外还可以结合翻转课堂这一形式，对教学结构进行变革，这对于促进教学质量的提升所起到的积极作用是极为显著的。除此之外，SPOC 教学模式可以根据准入条件对在线学习者进行筛选，将规模控制在500 人以内。

3. 微课

戴维·彭罗斯（David Penrose）是高级教学设计人员，还兼任在线服务经理。他在工作实践过程中首次提出了"微型的知识脉冲"（微课）这一概念，认为结合微型的知识脉冲这一形式，能够让学生学习效率的进一步提升，只需要运用较短的时间，就能够获取与传统授课相类似的效果，然而要想实现这一目的，那么就需要注重相关作业的开发，也需要对教学任务进行详细罗列。彭罗斯通过进一步研究，提出了微课程构建的5个步骤，具体内容如下：①将希望传递的核心概念在微课程中进行罗列；②为了将核心概念进行顺利传递，需要制作一份15～30秒的介绍和总结，运用这一方式来对上下文的背景进行陈述；③在对教学视频进行制作时，需要将时间控制在1～3分钟；④对阅读支架进行设计，对学生的成长进行指导，对学生课后更加深入地开展探究学习起到推动作用；⑤在课程管理系统中发布教学视频和课程任务。彭罗斯（David Penrose）在研究过程中指出微课程教学模式作为一种知识的挖掘框架存在。这一模式的有效应用使得学习者能够对知识进行更加深入的挖掘，在学习过程中学生的自主性更强，能够根据自身的实际需要来对相应的资源进行搜索，更好地节约时间，然而要想解决复杂的概念问题，运用这一学习模式，并不能够取得较好的效果。

（二）关于混合式教学的研究焦点

本书在研究过程中，对与混合式教学及混合式学习相关的306篇论文进行了主题关键词的共词分析，最终划分为六个聚类集合：第一，与之相关的概念，涵盖了影响因素以及教学设计等关键词；第二，将混合式教学与MOOC等教学方式紧密结合，涵盖了MOOC等相关关键词；第三，将与混合式教学相关的理论研究内容进行了覆盖，主要包含教学模式和混合学习等相关关键词；第四，混合式教学与学生在新型教学环境中衍生出来的学习方法之间的关联，涵盖了在线教育以及移动学习等关键词；第五，在教育教学改革工作中混合式教学所扮演的相关角色，主要涵盖了思想政治理论课以及教学改革等关键词；等等。

在研究过程中，笔者通过对文献关键词进行梳理，发现存在如下特征：首先，以学生学习的角度为切入点进行研究，可以发现随着教育信息化的进一步发展，混合式教学产生，对学生深度学习作出了重要的贡献；其次，混合式教学与 MOOC 等诸多新型课堂教学策略存在极为紧密的关联；最后，在课堂教学层面，关于混合式教学的研究是极为丰富的，学者已经从诸多教学实践中总结了诸多规律，由此形成的教学模式在教育界也得到了广泛的认可。此外，笔者通过研究发现，在线教育以及远程教育等逐步成为混合式教学的重要组成部分。在新时期开展教学改革工作中，混合式教学是极为重要的路径。

笔者在研究过程中也对国外学者发表的关于混合式教学以及混合式学习的相关论文进行了共词分析，具体内容如下：在第一个聚类集合中，主要对开展混合式教学的环境和媒介进行了展现，涵盖了 adult learning（成人学习）、applications in subject areas（学科领域的应用）等关键词；第二个聚类集合将混合式教学的教学策略以及模式进行了充分的呈现，主要涵盖 blended learning（混合式学习）、distance education（远程教育）等关键词；第三个聚类结合将与混合式教学紧密相关的其他概念进行了介绍，主要包含 collaborative learning（协作学习）、community of inquiry（社会调查）等相应关键词；第四个聚类结合则是将影响混合式教学绩效的因素以及评价混合式教学绩效的相关方法进行了呈现，主要包含 higher education（高等教育）、learning analytics（学习分析）等相关关键词。

本书通过梳理国外文献的内容发现国外开展相关研究具有如下特征：首先，国外学者在开展该主题研究工作时，对于计算机技术起到的媒介作用极为重视，并且高度重视技术应用，注重运用计算机技术来建设良好的教学环境；其次，国内学者在开展研究时，高度重视远程教学以及在线教学等诸多教学策略的运用，对于协作学习及教学设计等相关策略所起到的作用，也进行了极为深入的探讨，同时为了更加科学地对学生成就以及心理所发生的变化进行研究，极为注重相关数据的采集。

三、基于信息化的混合式教学模式

（一）基于信息化的混合式教学概念界定

结合上文可以发现，本书在研究过程中关于信息化知识的混合式教学的探讨，主要反映的是教师将教学设计及活动等相关信息化资源引入其中，选择的行政班级往往由几十名学生组成，希望帮助学生更好地克服学习障碍等，提高学习效率。本书为了更好地表达出研究概念，将之表述为"基于信息化的混合式教学"。

1. 线上与线下教学情境相互融合

互联网能推动诸多先进技术的进一步发展，使学习者能够更加便捷地获取相应的知识，然而 MOOC 等相关教学形式存在模式单一等诸多问题，这就导致了交互效率较为低下，需采取线下面授这一形式来对线上教学进行有效补充。运用混合式教学这一方式，不仅能够将在线教学的灵活性进行凸显，还能够取得良好的人际交互体验。要想更好地实现教学目标，教师在教育教学工作中需要高度重视教学资源的整合，并开展科学有效的教学设计工作。混合式教学模式的实施，将会形成线上线下相互依存的良好局面。

2. 教学资源与教学设计重构

随着混合式教育教学工作的有序开展，需要对教学重点进行重新罗列，尤其需要注重教学资源的有效配置，还要根据实际情况来设计教学模式以及相应的策略。教师在开展设计工作时，要注重与线上教学内容的相关性，也需要明确区分线上线下教学的情境化差异，确保设计出来的课程能够与学生的实际生活相结合，从而构建更加牢固的知识体系。教师在开展教育教学工作中，对学生进行积极的引导，与同伴合作，促进活动的有序开展，运用这些方式也能够对线上教学中临场感的缺失进行弥补。为了保障课堂效果，教师在开展教育教学工作时也要注重新型信息化技术的有效运用，结合课堂实施投稿等相关技术，及时获悉学生的表现。随着信息化技术的进一步发展，线上虚拟课堂情景的构建成为可能，在线下教学环境中学生也能够充分体验到教学工作的实施精准等相关优势，教师在对科创资源进行整合时，对于在线的课程资源要进行有效的筛选和裁剪，做好这一工作才能确保课堂教学提升学生认知水平。

3. 重视线上与线下教学连接

近些年，信息化技术被应用于混合式教学中，学生的线上与线下学习的联系变得更加紧密。例如，现阶段广泛使用的翻转课堂等诸多教学模式，能够让学生充分感受到两种学习模式之间的差异与联系。在线上教学工作中，学生可以通过观看教师准备的视频等进行自主学习，而在线下教学环境中，学生需要与教师以及同学开展深入的交流，从而确保所学知识的融会贯通。学生的学习质量与动机以及认知水平等诸多因素存在极为紧密的关联。如果学生并不具备较强的社交能力，而教师也无法在学生学习过程中作出正确的引导，那么最终学生所取得的学习效果可能并不理想，在线上教学工作中，学生可以通过观看视频来强化相关知识的理解和记忆，这样在开展线下教学工作时才能够事半功倍。

（二）基于信息化支持的混合式教学模式范式

1. 确立基于信息化的混合式教学模式的构架，科学进行教学设计。在研究学习了国内外混合式教学模式的典型案例后，结合学生实际，提出以信息化为基础的新型教学模式的具体构建方式是"一平台双主体三阶段"。"一平台"指云教学平台的构建；"二主体"指学生是主体，教师是学习的主导，两者充分发挥各自作用的，尤其是在开展教学改革工作的初始阶段，教师所起到的主导作用更是不可替代；"三阶段"包括课前平台的自主学习、课中知识的内化学习以及课后平台的拓展评价提升等。传统的课堂教学仅仅注重课堂的作用，而混合式教学在开展教学设计工作时，涵盖了课前、课堂以及课后等相关环节，而且注重信息化技术的有效运用，使教育教学工作衔接得更加自然。不仅如此，新技术的运用对于学生批判性以及创造性的激发，也起到了促进作用。上述三个阶段的教学内容和实现途径都存在显著的差异，具体内容如图 2-1 所示。

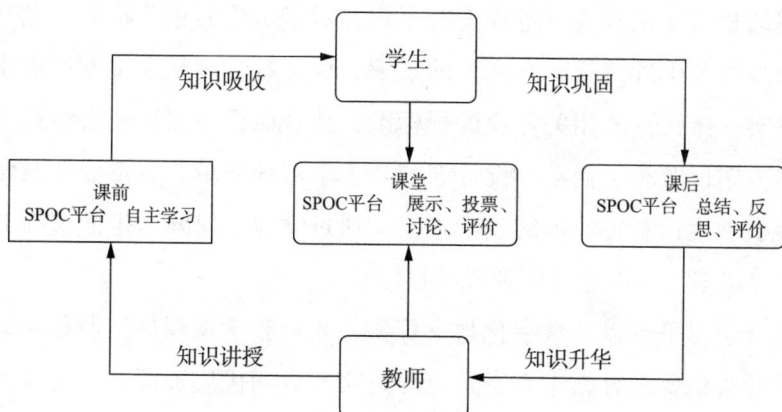

图 2-1 混合式教学模式范式的构架

2. 课前自主学习，实现学生个性化、自主学习，最大限度地实现知识传递。在课前阶段云平台自主学习的具体流程主要是教师对教学目标进行确定，对教学方案进行设计，将教学资源发布出去，并且运用课前自主学习的任务单来指导学生的学习，如图 2-2 所示。

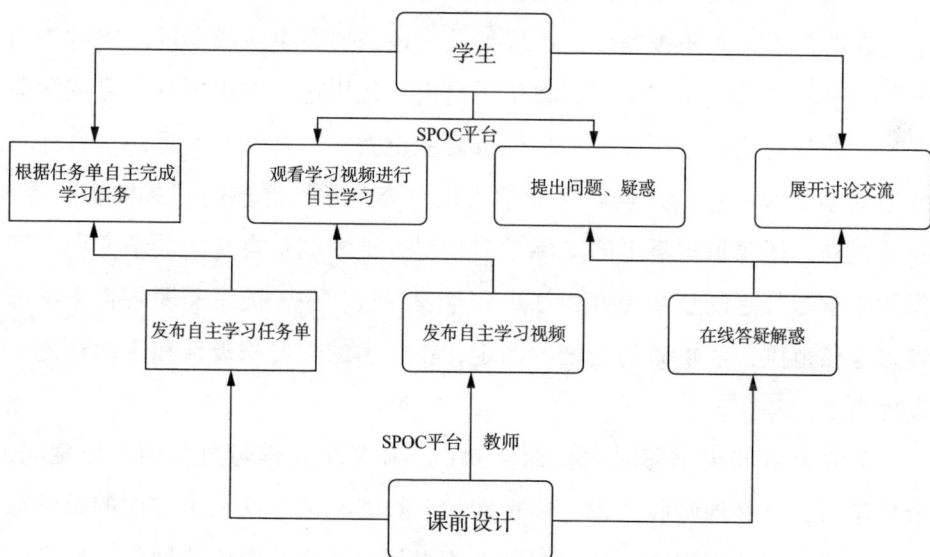

图 2-2 课前自主学习

对教学目标进行明确，注重对教学方案的科学设计，在开展课堂教学活动之前，教师需要依据教学对象来确定课堂教学目标。在上课之前首先需要对学生的初始水平进行明确，从而明确自身的教学起点，对于学生已经掌握的相关知识有着一定程度的了解，对于学生的相关特征，尤其是学生的心理以及生理特征，有充分的了解，保障教学满足学生发展需求。根据"理实一体化"的相关专业课程标准，结合课程的知识能力结构要求确定教学方案以及教学活动，设计课前自主学习任务单，尽量保证教学内容能够吸引学生；制定明确的教学方案，通过学习，保障学生能够在知识以及技能等诸多层面都能够达到教学目标。

结合学习平台以及数字化教学资源，来对教学视频进行制作，教师在进行设计时需要结合教学方案，充分运用互联网优质资源，对与本课程相关的视频进行制作。学生课前下载学习资料，利用平台进行自主学习。学生运用学习终端将教师提供的课前视频以及 PPT 等教学资料下载下来并深入学习，在任务单的指引之下完成课前自主学习，并完成课前学习任务。在自主学习过程中，可以自己掌握学习的快慢节奏，学生可以将教学视频随时停顿、回放和重新播放，直至自己掌握这些知识为止；对学习过程中遇到的相关问题进行记录，运用在线交流平台，及时与教师和同学进行沟通，在课堂上也要积极提问；不仅如此，还需要在生活或者网络中对相关的学习素材进行收集，分享到教学平台上，运用这一方式更好地完成学前任务，并且与他人进行分享。教师也要注重教学平台的有效运用，有针对性地对学生学习进行指点，保障学生能够充分掌握课前的相关知识内容。除此之外，还要根据学生的实际学习情况，不断调整自身的教学方向，确保学生学习效率的稳步提升，在近些年发展过程中，更是需要将自主学习纳入考核范围，注重激励制度的制定，将学生的学习积极性和主动性充分发挥出来。

3. 在开展知识学习时内化课堂知识，让学生在学习过程中提出疑问，合作学习，更好地吸收知识，实现知识、技能和情感这三个方面的教学目标。为了更好地实现这一学习目的，本书提出了任务合作式教学、课堂问答式教学和集中讨论式教学这三种模式，这三种模式的流程如图 2-3 所示。

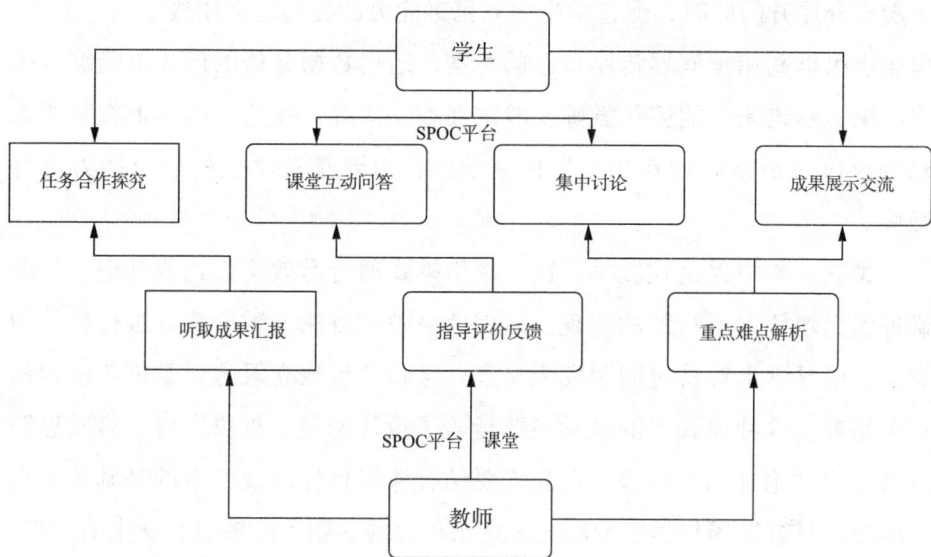

图 2-3　课中知识内化学习模型

第一，任务合作式教学。任务合作式教学的运用领域更加广泛，教师在对教学活动进行设计时，结合分组等相关形式，对教学环节进行设计，通过开展情景模拟以及角色扮演等合理安排教学任务，让各个小组落实相应任务。学生的分组采取的是自愿和随机的形式，对于合作规则要进行协商。各个小组要通过讨论以及投票等方式来选择组长以及记录员等相关角色，对小组内部的各个人员的职责进行明确。各小组成员也需要结合互联网以及平台等相关资源，开展线上的讨论和互动，对于小组的合作成果进行共享，运用这些方式能够更好地开展比较和评价工作。在探讨过程中，教师需要进行课堂指导，运用这一方式来促进小组目标更好地完成，这样能充分锻炼团队的协作能力和自主学习能力。

第二，课堂问答式教学。这一方式主要是以提出的问题为载体的，选择教师导学作为主要方法，在完成教学任务时需要师生之间共同协作。这一方法与传统的教师问、学生答这一教学方式存在显著差异，其主要是在课堂上解决学生在课前学习时所提出的相关问题，让学生获得新的知识。在课堂上提问和回答是其中的核心部分，学生是课堂问答式教学的主体，运用提问的方式能够使学生的主观能动性得到充分发挥，在保障学生学习兴趣充分提升的同时，促进学生独立思考能力的提高。运用线上教学平台，学生也可以利用抢答器传输自己的答案，运用数据分析的形式也能够直接将结果显示出来，能够让教师及时掌握教学情况。在这一模式下教师所起到的仅仅只是指导的作用，主体是学生，主要是对学生的思维能力进行锻炼。

第三，集中讨论式教学。这一教学模式通过有效交流达成共识，从而确保信息增值这一目的的实现。运用这一教学方法，教师需要进行设计和组织，引导学生对特定问题发表见解，保障学生独立思考以及创新精神的充分培养。这种模式下的教学主要涵盖了设计问题、提供资料、启发思路以及得出结论这四个环节。首先需要结合课程目标以及学生的基础等来提出问题，只有选择与学生生活实际息息相关的话题才能够引起学生的兴趣，从而引发学生的深思。教师需要将要探讨的问题背景和主题知识上传到教学平台，让学生进行预习，让学生在课前就能够完成相关资料的收集和查询。除此之外，讨论过程中也需要结合头脑风暴的形式来提高学生的创新和思辨能力。在此过程中，教师需要进行适时点拨和启发，对学生进行正向的引导，从而拓展学生的思维，对于偏离主题的相关环节要及时进行纠正。

4.注重课后平台拓展评价提升模式的运用，通过转变评价方式让学生能够对整个教学过程反思，从而实现对知识的巩固和理解，这对于更高层次地运用知识所起到的作用是至关重要的，具体流程如图2-4所示。

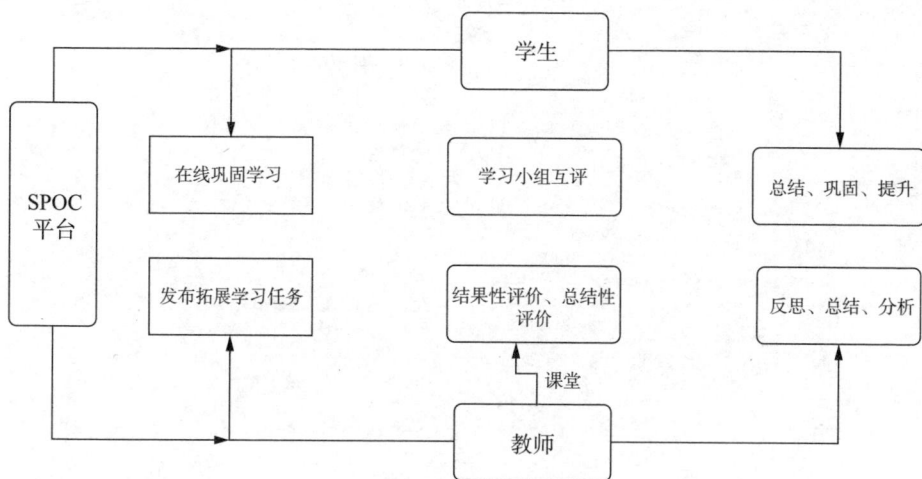

图2-4 课后平台拓展评价提升

其一，课后拓展提升。结合教学平台开展教学活动之后，教师可以发布课后的拓展任务，运用这一形式来测试和分析学生的学习状况，从而对阶段性的学习成果进行检验，可以通过课前自主学习任务单以及教学视频回看等来对学生的教学活动进行全方位的把控，促进教学质量的稳步提升；可以安排拓展训练，保障学生有序开展学习；学生也可以通过回看课前学习视频等来进行复习，通过对测试结果进行查看来查漏补缺，从而促进自身学习积极性的提升；完成教师安排的拓展训练，提升专业能力。通过归纳梳理，学生将学到的知识纳入自己的知识体系，完成知识的意义构建和能力提升。

其二，互动教学评价。在混合式教学中，教学评价的作用是极为重要的，为了保障学生素质和能力的全方位提升，形成以形成性评价为主，兼顾考试测评的结果性评价的评价体系。通过开展师生以及生生评价，这对于教学活动的良性开展所起到的作用也是极为显著的，教学评价需要对过程极为关注，同时也需要注重结果，围城记录的现象是需要被取缔的，在开展互动教学评价时，不能仅仅局限在对学生知识技能的掌握情况的评价上，更要注重对学生学习态度、学习过程中学生的参与度的评价，也需要注重科学评价学生的创新精神和实践能力。只有构建多元化、全方位的评价考核体系，才能促进学生的高质量发展。

第三章　基于信息化的混合式教学促进高阶学习效能的机制探析

一、相关概念与机制模型的构建

（一）相关概念

1.混合式教学方法

混合式教学方法以教学平台为基础，以学生为主体，以教师为主导，课前学生进行自主学习、课中学生进行知识内化、课后通过平台拓展学习并通过评价提升自己，将互联网等诸多先进技术进行充分利用，实现教学活动的创新，保障教与学的有机结合，注重学生的批判性和创造性思维的形成。课前、课中、课后每个阶段的具体教学内容和实现途径都互不相同。作为一种新型的学习方法，混合式学习需要在适当的时间采取适当的技术，这对于现阶段学习过程的优化所起到的作用是极为突出的。混合式教学方法充分利用传统学习方式和网络学习的优势进行教学，在教学中既需要将教师的引导和监督作用充分凸显出来，也需要发挥学生的主体作用，注重学生创造性和积极性的提升（李克东、赵建华，2004）。通过对诸多国际学者的研究成果进行梳理，可以发现他们普遍认为充分发挥传统学习和网络学习的优势，使两种教学方法相辅相成，才能保证最佳学习效果的实现。

2.感知有用性

感知有用性指教与学的参与者使用混合式教学后对其教学效能提高的作用的感知（黄瑞，2020）。Davis认为感知有用性是影响混合式教学能否被人接受的关键因素。在教育技术领域这一观点也受到了广泛的验证。刘喆、林天伦（2017）在研究过程中就明确指出教师的信息教学行为正在受到感知有用性的正向影响。朱万侠等（2018）也在研究过程中明确表明，农村地区的薄弱学校教师所采用的同步互动混合课堂之所以能够取得突出效果，也正是受到感知有用性理论的影响。

3. 感知易用性

感知易用性反映教与学的参与者对于混合式教学使用容易程度的感知。用户对新兴技术应用性的体验称为感知易用性，通过对诸多学者的研究成果进行梳理，可以发现人们采用某项技术的重要原因往往是其具有感知易用性。对于混合式教学方法，当教与学的参与者觉得很容易使用和接受，教师就会很愿意采用新的教学方法进行课堂教学，学生也会很愿意用新的方法进行学习。

4. 信任

一个团队或者个人值得信任，那么也就意味着他们会落实实践策略以及遵守道德守则，而且对于自己的承诺也是极为重视的（马红亮 等，2016）。本书结合心理学的相关知识进行梳理，信任作为一种稳定的信念，对于社会共享的价值和稳定起到了充分的维护作用。而在传播学当中，信任则是作为对他人支持能力等诸多内容的假设，认为对方是与自己保持亲近关系的，并且认为对方不会对自身的合法权益造成损害。信任是人与人之间或人与组织之间通过积极预测对方行为所产生的依赖现象（李彦敏，2017）。在管理学中信任反映的是信任方放弃了被信任方的监督和控制，宁愿将自身完全暴露于风险环境中，并且坚信对方并不会对自身的权益进行损害。在管理和教育领域中，信任主要反映的是对管理或教育的对象给予期许并对他的能力进行肯定，从而取得正向效果，这也被称为罗森塔尔效应。

学生对于混合式教学的有用性以及易用性的感知，会影响学生对混合式教学方法的信任，在学习中其往往是学生产生信任最为重要的根源。当学生认为这一方法是有用的，那么在今后的学习过程中，也会注重这一学习方法的使用，也会更加认可教学平台和混合式教学方法，并且会对其产生信赖，学生对于学习也会更有信心。换句话说，随着对有用性和易用性感知程度的进一步提升，学生对于混合式教学方法的信任也会进一步提升。感知有用性和感知易用性对于混合式教学方法的互动满意度以及使用混合式教学方法后所产生的信任度，是具备突出的积极作用的，信任在感知有用性、感知易用性和学习兴趣等诸多方面所起的中介作用都是不可忽视的。

5. 学习态度

学习者对于学习所持肯定或否定的倾向，称为学习态度。从学生对学习的注重程度以及情绪状况等诸多方面，都能够对学习态度有着明确的评价。对待课程学习的态度以及对待学习材料的态度等相关内容都涵盖在学习态度当中，学习态度对于学习行为所起到的调节作用是极为显著的，尤其在学习对象的选择上其作用更为突出。在学习过程中，如果能够保障学生对教学环境持积极态度，那么学生就能够更加积极地开展学习，然而一旦学生对于学习环境产生排斥，那么就可能会做出不良行为。诸多学者的研究成果都已经明确表明，学习态度对于学习效果会产生的重要影响，史密斯（W. Smith）等相关心理学家也通过实验证实，学生持有积极的学习态度，能促进学习效率的提升。

通过对诸多教学实践进行梳理，可以发现有些学生之所以会产生不良的学习行为，往往是因为他们在学习过程中遭受多次挫败，消极情绪的累积使他们的学习态度变得不端正（杨鑫 等，2017）。这些学生往往存在学习方法选择不当等诸多特征，也无法在学习过程中刻苦努力，这就导致了他们的考试成绩不能够达到预期，长此以往会造成信心的缺失。学生只有受到鼓励和指点才能够改善这种情况，然而学生往往会受到教师的批评和指责，甚至还会受到父母的责备，这在很大程度上使学生对学习产生了消极情绪（王朋娇 等，2015）。上述情绪的存在，使得他们尽管非常明白学习是极为重要的，却仍然在不自觉地逃避学习，无法认真学习。

教师需要注重有效方式的使用、学生学习态度的转变，要总结失败原因，对学生的学习方法进行指导，确保学生在学习过程中有强烈的信心，积极参与学习活动（方旭、高若宇，2016）。教师要在教育教学工作中注重各类情境的创设，让学生在学习时不断获得成功的体验，运用这些方式来刺激他们积极情绪的产生。通过对诸多心理学研究结果进行梳理，可以发现学生获得成功的次数越多，那么就越容易获得积极的情绪体验，这对于他们消极情绪的消除能够起到积极作用，对于他们端正学习态度、获得成功意义重大。

在新学期发展过程中，要高度重视教学方法的改革，将学生的学习兴趣充分激发出来。不良态度的形成除了与上述的认识和情绪有关，还与教师的教学发展存在极为紧密的关联（柳春艳、傅钢善，2018）。如果学生在学习时，对于某门课程产生消极的学习态度，甚至对这门课程产生厌烦的情绪，那么往往是由于教师的教学方法，教师无法将教学内容用通俗易懂的方式讲解出来，这就导致学生无法对教学内容产生兴趣。在新时期发展过程中，教师要对教育教学方法进行改革，那么就需要对新阶段呆板的教学形式进行转变，要注重启发式教学的应用，激发学生的积极思维，同时教师还需要注重教学艺术的有效运用（王济军，2018）。上述措施的有效使用都能够促进学生学习兴趣的培养，让他们能够真正参与学习活动，充分感受到学习带来的乐趣，这对于学习态度的转变意义重大。

6. 学习兴趣

一个人倾向于认识和研究某种知识的心理特征称作学习兴趣，这对于人们求知能够起到促进作用。当学生对某一学科产生兴趣的时候，就会更加专心地钻研它，这对于学习效果的提升极为重要。

从教育心理学的角度进行研究可以发现，兴趣是一个人倾向于知识或者研究某种知识的心理特征，作为一种内在力量，能够推动人们的求知过程（阮士桂、郑燕林，2017）。当学生对某一学科产生兴趣的时候，那么就会致力于研究它，这对于学习效果提升的作用是非常显著的。在学习活动过程中产生兴趣也可以视为学习的结果。从中也可以发现，学习兴趣既是学习效果提升的原因，也是学习的结果。总之，培养兴趣对于学生学习而言意义重大。

学生要在学习中获得成就、满足感，掌握一个科学、高效的学习方法是关键（文静，2015）。在学习的过程中，如果方法不得当，学习严重受挫，学生就会越来越没兴趣，甚至产生讨厌的情绪。所以，学生要掌握速读记忆的能力，通过训练实现阅读提速和整体感知能力、理解记忆能力、注意力的提高，这样可以极大地缩短学习的时间，同时学生在学习中要主动，要多与老师、同学交流讨论，培养自学兴趣（葛子刚、杨丽华、马焕新，2018）。

对于学习的重要性要有清晰的认识，并高度重视目标的制定，并在学习过程中不断进行调整和优化，结合奖励等相关形式，实施和完成计划，养成学习习惯（周朝晖、张弢、许涛，2016）。培养学习兴趣的过程也是自主学习的过程，学生要主动地学习，从学习中找到快乐。

7. 学习自我感知

阿尔伯特·班杜拉（Albert Bandura）构建的社会认知理论，就是以行为主义理念和社会学习概念为基础的，这一理念主要是对人所产生的各类社会行为的交互以及调节进行解释，认为行为、个体因素以及环境这三者之间存在的交互影响是极为显著的。信念以及动机等均属于个体因素的范畴。人们对于自身能否完成某项任务的主观判断，称为自我感知。班杜拉等学者在研究过程中指出，人们对任务的选择和执行任务的信念都是由自我感知直接决定的，对于人们的行为的获得和行为表现的习得能够产生极为深远的影响，对于执行任务时产生的情绪也会有深远影响。诸多学者的研究成果可以发现，自我效能主要是通过影响选择过程以及认知过程作用于学习主体的。

8. 学习动机

要想保障学习质量的进一步提升，让教学成效更加凸显，那么就要注重学习动机的培养。穆尔（Michael G. Moore）在研究过程中明确指出，生生之间的交互学习动机、师生之间的交互学习动机以及学生与教学内容之间的交互学习动机都是学习动机的重要组成部分。他也指出，在传统的面对面学习的情况之下，任何一类交互学习动机能够保持在较高的水准，都能促进有意义学习的产生。本书的研究就是以这一研究结论为基础的。本书以信息化所带来的线上与线下的混合式教学情景为切入点，从知识共享以及师生交互等诸多方面来进行明确界定。个体之间相互交换知识的行为称为知识共享，在这一阶段也会有更多新知识的创造。大学生与授课老师选择的多种沟通方式的沟通和交流，都能够体现在师生交互支持这一范畴之内。本书在研究过程中也指出大学生在学习过程中面临的具体问题及其相关任务，都属于课程学业的范畴之内。马斯洛（Maslow，1970）作为著名学者，就首次提出了需要层次理论。他在研究过程中指出，人的基本需要由生理需要、安全需要、归属和爱的需要等5种需要共同组成。学生如果没有感受到被爱，就没有动力去实现自身的学习目标，也就是实现自身学习目标的动机不足。在近些年发展过程中，教育界更加关注对学生学习能力的培养，并且指出动机及兴趣等诸多非智力因素对于学习也起到非常重要的作用。

莫里在研究过程中首次提出了成就动机这一概念，认为努力克服障碍并且施展才华来解决问题的行为就是成就动机。阿特金森（J. W. Atkinson）等诸多学者对于学习动机也是极为重视的，并将之发展为成就动机理论。人的成就需要是构筑成就动机的基石，能够对个体进行激励，从而让他们从事更加有价值的工作，其作为一种成功的内在驱动力，是成功必不可少的条件。大学生在学习过程中，如果想要获得优良的成绩，并且为经济社会的发展作出贡献，那么都需要成就动机，这也是人类所独有的，也是极具社会意义的。尽管成就动机对于学习所产生的影响是极为深远的，但是却并不能仅仅只对个人的成就和个人的自我提高进行论述。

（二）研究假设及整体模型

结合社会认知理论框架体系以及tam模型等可知以信息化作为支撑的混合式教学情景、学习者以及高阶学习效能这三者之间存在因果关系，并且最终结果也是由这三者交互作用决定的，首先人作为主体，具备高度的能动性来促进高阶学习效能的实现，而这一行为及其后果也会对人的信念以及情绪等造成影响。通过进一步研究可以发现，高阶学习效能的实现在受到人的支配的同时，还受到线上线下混合式教学环境的影响。自我效能感作为个人因素而存在，高阶学习效能作为主体行为而存在，环境因素主要是授课团队向主体提供的基于信息化技术的混合式学习环境。本书结合潜在变量之间的研究假设，构建如图3-1所示模型。

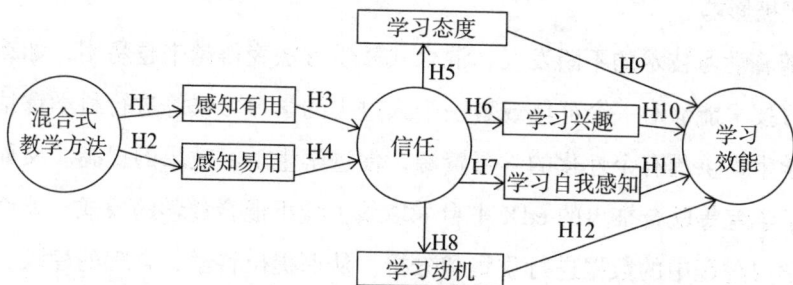

图3-1 混合式教学模式下高阶学习效能影响因素模型

本书根据上文对感知有用、感知易用、信任、学习自我感知、学习效能等核心概念的界定，确定了本书重点探讨的潜在变量，对潜在变量之间的相互关系进行整理，提出相应假设。

混合式教学对学生创新能力和合作能力强化大有裨益，并且诸多国际机构运用到教育教学中取得了显著成效，在实施混合式教学的过程中，学生的参与度提升，使学生取得更高的成就，使得学生们对于混合式教学方法感知有用，由此提出假设H1。

H1：混合式教学方法在学生学习过程中对于学生感知有用有积极影响。

东西部高校课程共享联盟将几大高校的师资力量以及教育资源进行整合，从而实现教育资源的优化配置，在实践过程中提供了更有效的运行模式。除此之外，清华大学等诸多团队也极为注重这一教学模式的研究，在学堂在线等诸多平台上推出了诸多高质量的优秀课程，与Coursera等相关平台也开展了合作，从而促进优秀资源的共享。混合式教学中教师的知识共享活动具有团队效应，资源的整合和教师团队的优化，使得混合式教学方法推广更加简易有效，使学生感知学习方法易用，由此提出假设H2。

H2：混合式教学方法在学生学习过程中对于学生感知易用有积极影响。

在混合式教学模式中，学习环境以及媒体等诸多要素都是极为重要的，通过对上述要素进行科学整合，对线上与线下课程合理配置，可以让学生在学习过程中有更好的学习体验，促进混合式教学有效性的进一步提升，从而让学生在学习中对混合式教学方法的信赖度不断提升，由此提出假设 H3。

H3：学生感知混合式教学方法有用在学生对于混合式教学方法信任方面有积极影响。

随着学习技术的不断发展，混合式教学方法变得越来越易用，如动态适配学习技术能够对一个群体或者一个人过去的学习习惯等进行科学评估，从而为学生提供具有个性化的学习资源，促进学生学习效果的提高。又如，麻省理工学院等联合推出的 edX 平台采取线上线下混合教学的模式，能够对学生的学习过程中的数据进行收集和分析，从而提出科学、合理的建议，这对学生学习效果的提升起到了至关重要的作用（周红春，2011）。信息技术应用于混合式教学方法，使得整个学习过程更加容易、高效、便捷，提高了学生的学习效果，这对学生对于混合式教学方法信赖度的提高有积极影响，在此基础上提出假设 H4。

H4：学生感知混合式教学方法易用在学生对于混合式教学方法信任方面有积极影响。

在现阶段，结合混合式教学模式，能够运用线上学习来完成对知识的记忆与理解，甚至部分能力较强的学生能够在线下就能完成对知识的分析与应用，能够带着问题参与课堂教学活动。教师在开展教育教学工作时，将问题划分为各个小任务，结合分组这一形式，来对学生的应用与分析能力进行培养，提高学生的综合能力，同时结合小组之间的互评，来对学生的评价能力进行提高（曾明星　等，2015）。从这一角度来看，可以发现混合式教学模式能有效促进学生的深度学习，从而实现高阶的学习目标，促使学生形成积极的学习态度，并且在学生的切身体验下，学校、教师、学生对于混合式教学的信任度也在不停地提升，混合式教学的实践效果也在更加显著地显现。由此提出假设 H5。

H5：学生对于混合式教学方法信任对学生的学习态度有积极影响。

开展混合式教学工作时，需要教师和学生共同完成，学生信任混合式教学方法，有利于学生转变学习态度，积极参与教学活动，而这往往会取得良好的教学效果，从而对学生学习兴趣方面产生积极影响，在此基础上提出假设 H6。

　　H6：学生对于混合式教学方法信任对学生学习兴趣方面有积极影响。

　　混合式教学模式能够保障人们学习热情始终高涨，能够促进学习效果的提升，在对混合式教学方法产生信赖的情况下，学生的学习自我感知能力会增强（罗映红，2019），对学习会产生积极的态度，愿意积极应对周围环境的挑战，学生自我感知能力也有所提高。也就是说，学生信任混合式教学方法，使学生更容易确信自己能力，运用新的学习方法，努力运用自己过去的学习经验并取得好成绩，从而提高自我感知，在此基础上提出假设 H7。

　　H7：学生对于混合式教学方法信任在学生学习自我感知方面有积极影响。

　　混合式教学包含多种学习形式，也能够保障各种学习形式之间形成优势互补（丁永刚 等，2017）。在学习过程中，学生既能够对结构性强的知识体系进行学习，也能够接触到大量的信息资源，这对于他们终身学习能力的培养是极为有利的，尤其是对于成年学习者而言，这一方法更能起到事半功倍的效果。本书在研究过程中也指出混合式教学能够让学习者获得系统性知识，也能够让学习者接触到事物发展的最新规律，学习者学习后能够立刻在实践过程当中进行有效的运用，这也有利于学以致用这一目标的顺利实现（石小岑、李曼丽，2016）。一旦学习者采用混合式教学方法，使学习效果提升，对该方法产生信任，那么学习者的内在学习动机就会被充分激发出来，这也有利于最终学习效果的强化。自我效能感高的人对自己有信心，为取得成果会最大限度地发挥自己的能力（尹玮、张凯，2017）。

　　混合式教学模式下，学生要想取得良好的成绩，需要在学习过程中将学习动机进行充分激发，充分发挥自身的能力，在学习过程中能够更加的积极和主动。而学生信任混合式教学方法，更容易对学习产生强烈的动机。在此基础上提出假设 H8。

　　H8：学生对于混合式教学方法信任在学生学习动机方面有积极影响。

　　学问需要和自己的学习兴趣相契合，才能提升学习效率。人们一旦对某些事物产生兴趣，在学习时就可以达到废寝忘食的地步。通过提高学生的学习兴趣，可以构建高效课堂，有效发挥学生自主学习能力。

学习兴趣是促进学生习拥有较强驱动力的根源。学习兴趣结合动机调控（motivational regulation）可以使学生在学习过程中为了更好地实现学习目标，结合激发以及保维持学习兴趣。本书也指出学习过程具有备复杂性特征的，想要想保障学生取得良好的学习效果处于较高水准，那么学生就要具备学习兴趣，只有这样学生才能更加积极主动地参与投入到学习活动。提升学习兴趣可以在任务和需求之间建立联系，从而有利于实现相应目标。综上所述，提出假设 H9。

H9：学生积极学习态度对于学生高阶学习效能的提高有积极影响。

学习者对于学习的认知、情感以及意向等相关因素共同组成了学习态度。学习者对于学习的目的以及意义的理解等均属于学习态度的认知因素的范畴（王文静，2012）。如果能够正确地理解学习，那么在学习过程中就能够以更加积极的心态面对它，如果产生了错误的理解，那么学生的学习态度可能就是消极的。伴随着学习态度的认知因素所产生的情绪情感也属于学习态度的范畴（王凯，2017）。在研究过程中可以发现，满足学习者主观需要的学习对象以及学习内容等都能够使学生产生积极的情绪情感，否则会使学生产生消极的情绪情感。学习对象和学习内容等能够引起何种情绪，不仅仅是由学习对象和学习内容等决定的，很大程度上受到学生对其的理解程度的影响（王朋娇 等，2015）。积极的学习态度对认知以及情感等诸多方面所产生的正向影响都是突出的（吕静静，2015）。学习态度变得积极，意味着学生愿意主动学习，并对自己的学习进步持有乐观的态度，这有利于能够提高学生的自信心和学习动力，还能够改进学习策略，提高应对困难的能力，从而为学生取得更好的学习成果奠定基础。在此基础上提出假设 H10。

H10：学生学习兴趣提高对于学生高阶学习效能的实现有积极影响。

学生自我感知能力高低与学生的学习及身心健康密切相关。在学习方面，学生的自我感知会影响学生学习的动机、参与教学活动的兴趣、个人目标的确立、对待困难的态度、付出努力的程度、因果思维（归因）的方式等。在身心健康方面，学生自我感知会影响学生的认知调控、情绪反应、活动效率、思维能力、人际关系、潜能开发等。

学生在学习过程中所采取的实际行动等均属于行为投入的范畴，学生在学习过程中所产生的情感体验，则属于情感投入的范畴，学生理解和掌握所学知识所付出的思维方面的努力等则属于认知投入的范畴，上述三个方面的投入是相互支撑的，对于学习过程以及学习效能的评估都要以此为基础，当学生能够自我感知到自己的学习过程和学习目标时，他们更容易对学习产生兴趣和动机。他们会更加努力地去追求自身能力的提高，从而提升学习效能。学生了解自己在学习方面的优势和困难，并能够评估自己的学习能力，使他们更有信心面对学习挑战，这对于学习效能的提升作用显著。因此，提出假设 H11。

H11：学生学习自我感知提升对于学生高阶学习效能的实现有积极影响。

联结主义心理学家首次提出了学习动机的强化理论，用来对学习的发生进行解释，还用来对学习动机的产生进行解释（刘野，2011）。在对人的行为进行解释时，采取的是 S—R 公式，指出外部刺激所产生的对行为的冲击力量称为动机。先前这种学习行为与刺激强化所构建起来的联系，能够奠定人的某种学习行为的基础，能够在学习过程中强化对于某种反应的可能（李克东、赵建华，2004）。结合这一观点进行分析可以发现，任何学习行为都是为了获得报偿，为此要想充分激发学生的学习动机，那么在学习活动过程中可以采取奖赏以及赞扬等诸多形式。不仅如此，在研究过程中也可以发现，学生学习动机的强化既可以是外部强化，也可以是内部强化，前者是由教师直接带来的，后者则是学生的自我强化，即学生在学习过程中所获得的成功能够增强自身的信心，这对学习动机的强化起到了促进作用（曾明星 等，2015）。当学生的学习动机增强时，他们会更加积极主动地参与学习活动，并且更有可能面对困难和挫折，而不轻易放弃。当学生具有较强的学习动机时，他们更愿意挑战自己，探索新的知识和技能，并且更容易相信自己能够成功地应用所学知识解决实际问题，从而有利于提高学习效能。在此基础上，提出假设 H12。

H12：学生学习动机增强对于学生高阶学习效能的实现有积极影响。

二、模型建构研究过程

（一）问卷设计及发放回收

1. 调查对象

学生来自青岛市城阳区职业教育中心、淄博信息工程学校、鲁中中等专业学校、济宁市高级职业学校、东营市中等专业学校、日照市工业学校、山东省济南商贸学校7所中职学校；东营市技师学院、山东科技职业学院、山东经贸职业学院、临沂市高级财经学校、聊城职业技术学院、淄博职业学院、滨州职业学院、济南职业学院8所高职院校；潍坊学院、山东第二医科大学、山东财经大学、北部湾大学、成都文理学院、枣庄学院6所本科高校。此次研究选择18～25岁的学生作为研究对象。

2. 问卷编制

在基于信息技术支持的线上与线下混合式教学情景下，高阶学习效能往往会受到学习投入的影响。结合库恩（Kuh）提出的有效教育实践理论，美国印第安纳大学结合学生投入无框架理论制订了NSSE调查问卷。这一问卷在评价高校教育质量方面具有突出作用，已在北美1 500多所学校应用，我国学者也在2009年将这一量表引入国内，并且根据我国发展实际进行了一定程度的优化，最终形成了NSSE-China，同时运用这一量表开展了一系列的调查与研究工作。迪克森（Dixson）编撰的在线学习投入量表等也是重要的测量工具，有利于分析技能、情感等对学习投入的作用。国内学者结合这一量表，从行为投入、情感投入等方面构筑了远程学习投入评价量表。本书对上述两表进行了借鉴，以增强研究的科学性。此次调查问卷主要涵盖如下2个部分，第1部分是调查样本的人口学特征，涵盖性别、年龄等相关要素，第2部分则是问卷的核心内容，涵盖了25个题目，具体的分值如下：同意（5分）、比较同意（4分）、中立（3分）、不太同意（2分）、不同意（1分）。其余题目调查行为和现实状况，避免了中立选项，采用四段量表计分，包括经常（4分）、很经常（3分）、有时（2分）、从未（1分），调查问卷的结构与问题来源如表3-1所示。

表3-1 调查问卷的结构与问题来源

项目维度	题 项	编 号	问 题
高阶学习效能人口学特征	1～5	Q0（1～5）	自主编制
感知有用	1～5	Q1（1～5）	NSSE-China2011
感知易用	6～9	Q2（1～4）	NSSE-China2011
信任、学习态度	10～12	Q3（1～3）	
学习动机	13～15	Q4（1～3）	
学习兴趣、学习自我感知	16～20	Q5（1～5）	NSSE-China2011
高阶学习效能	21～25	Q6（1～5）	NSSE-China2011

3. 抽样过程

在完成问卷编制之后，将其录入问卷星，让大学生利用移动终端，通过扫描二维码完成问卷的填写，运用这一方式来获得此次研究的相关数据。现阶段关于混合式教学模式对大学生高阶学习效能的影响及实践的研究较少，这就导致了研究总体的特征无法被精准把控。为了确保最终研究结果的科学性，本书在研究过程中采用了滚雪球抽样法。

4. 问卷回收

总共有288份问卷被收回，通过对收集的数据进行分析，可以发现其中有185人参加过至少一门以信息化为支撑的混合式课程学习，所占比重为64.24%。这与美国同类别学生相比，参与比例更高。这一数据也与我国参与线上培训课程的学生比例相契合，这表明此次问卷所收集到的数据是具备研究价值的。为了保障最终数据获取的真实性，在获得的185份问卷当中，将答题时间少于100秒的问卷剔除，最终筛选出160份问卷作为研究样本。

（二）数据统计与模型建构

1. 样本人口学特征

如表 3-2 所示为已筛选出来的 160 个调查样本的人口学特征，此次样本在各年级分布是较为平均的，所占比重为 1.2 : 1.1 : 1 : 1.1。此次筛选模式较为科学，在保证数量的同时也保障了质量。

表 3-2 样本人口学特征

		性　别		年　级			
		男	女	大一	大二	大三	大四
抽样样本人口学特征	数量	62	98	43	41	37	39
	比例	38.75	61.25	27.0	25.8	22.6	24.5

2. 人口学相关性分析

通过表 3-3 人口学相关性分析，得出抽样人口的性别、年龄、年级、接受混合式教学时间、网上学习频度都呈现显著的正相关性，学生的男女性别与基于信息化的混合式教学的感知有用、易用等显著正相关，学生的年龄与基于信息化的混合式教学的感知有用、易用正相关，学生所在年级与基于信息化的混合式教学的感知有用、易用显著正相关。

表 3-3 人口学相关性分析

	感知有用	感知易用	信任、学习态度	学习动机	学习兴趣、学习自我感知	高阶学习效能
性别	0.036	0.045	0.013	0.016	0.026	0.017
年龄	0.038	0.029	0.024	0.046	0.041	0.032
年级	0.045	0.034	0.028	0.029	0.018	0.025
接触混合式教学时间	0.006	0.039	0.021	0.017	0.035	0.047
网上学习频度	0.095	0.075	0.032	0.057	0.023	0.013

3.测量模型修正与检验

本研究选择的问卷较为成熟，并且根据实际进行了一定程度的修改，将传统学习转化为以信息化作为支撑的线上线下混合式学习。为了进一步保障研究结果的科学和可靠性，在研究过程中笔者对收集到的相关数据开展了探索性的因子分析工作，对于探索性因子分析所获得的因素与研究假设所涉及的潜在因素进行了比较，将部分题项进行了筛检，最终结果如表3-4所示。此次问卷的信度分析主要采用克隆巴赫系数，基础研究中的信度需要达到0.8以上。此次信度数据高于此阈值，说明本书所采用问卷属于高信度调查问卷。

表3-4　测量模型信度检验

潜在变量	题　项	均　值	方差均值	克隆巴赫系数
感知有用	Q1（3/4/5）	2.182	0.727	0.876
感知易用	Q2（1/2/3/4）	2.412	0.869	0.895
信任、学习态度	Q3（1/2/3）	3.128	1.226	0.94
高阶学习效能	Q6（3/4/5）	2.35	0.741	0.865
学习兴趣、学习自我感知	Q5（1/2/3/4/5）	1.467	0.457	0.943
学习动机	Q4（1/2/3）	2.233	0.685	0.888

要想保障指标的科学性，那么测量模型的收敛效度需要满足如下三个条件：①测量模型中问卷题目的因子负荷量大于0.7且显著；②潜在变量的平均方差提取值（AVE）大于0.5；③测量同一潜在变量各问卷题目的复合信度大于0.7。如表3-5所示为各维度的收敛效度，从中可以发现，此次调查问卷具备的收敛效度是良好的。

表 3-5　测量模型的收敛效度

观察变量	潜在变量	因子载荷	测量误差	复合信度	AVE	观察变量	潜在变量	因子载荷	测量误差	复合信度	AVE
Q1（3）		0.86	0.19			Q4（2）		0.86	0.17	0.893	0.737
Q1（4）	感知有用	0.85	0.18	0.875	0.701	Q4（3）	学习动机	0.92	0.11		
Q1（5）		0.80	0.27								
Q2（1）	感知易用	0.81	0.30			Q5（1）	学习兴趣	0.88	0.09		
Q2（2）		0.80	0.30	0.894	0.677	Q5（2）		0.88	0.11		
Q2（3）	感知易用	0.86	0.23			Q5（3）		0.85	0.13	0.944	0.772
Q2（4）		0.84	0.27			Q5（4）	学习自我感知	0.92	0.07		
Q3（1）		0.92	0.19			Q5（5）		0.86	0.13		
Q3（2）	信任、学习态度	0.89	0.26	0.941	0.841	Q6（3）		0.83	0.25		
Q3（3）		0.94	0.14			Q6（4）	高阶学习效能	0.88	0.17	0.867	0.685
Q4（1）		0.80	0.28			Q6（5）		0.82	0.27		

　　要想确保测量模型的区分效度是合适的，那么潜在变量的平均方差、提取值的平方根与该变量与其他所有变量的相关系数相比要更大，对角线数据体现的是潜在变量平均方差提取值的平方根，如表 3-6 所示。由表 3-6 可以发现，此次研究的区分效度是合适的。

表 3-6　测量模型的区分效度

感知有用	感知易用	信任、学习态度	学习动机	学习兴趣、学习自我感知	高阶学习效能
感知有用	—	—	—	—	—
感知易用	0.858	—	—	—	—

感知有用	感知易用	信任、学习态度	学习动机	学习兴趣、学习自我感知	高阶学习效能
信任、学习态度	0.338	0.879	—	—	—
学习动机	0.445	0.334	0.828	—	—
学习兴趣、学习自我感知	0.586	0.339	0.521	0.917	—
高阶学习效能	0.416	0.415	0.388	0.457	0.610

使用 KMO 测度值和 Bartlett 球形度检验,用以判断本次问卷量表的样本是否可以进行因子分析。由表 3-7 可以得出,本次问卷量表的 KMO 检验值为 0.934,符合 Kaiser 的 KMO 度量的标准;Bartlett 球形度检验近似卡方值为 11 177.025,其显著性水平明显低于 0.001,证明本次问卷量表可以并且适合进行因子分析。

表 3-7 量表 KMO 和 Bartlett 球形度检验

取样足够度的 Kaiser-Meyer-Olkin 度量	0.934	
Bartlett 的球形度检验	近似卡方	11 177.03
	df	665
	Sig.	0

为了更好地衡量各个数据点和其均值之间的离散程度,检验模型中变量的变异相关情况,可以用方差分析进行解释,总方差如表 3-8 所示。本次量表区分为 6 个维度,解释总方差达到 84.576%,总体结果是比较理想的(标准如果达到 60% 以上,就可以认为相当理想)。进行降维后,6 个主成分仍然可以解释原始问卷 84.576% 的相关信息量。

表 3-8 量表解释的总方差

成分	初始特征值			提取平方和载入			旋转平方和载入		
	合计	方差百分比 /%	累积 /%	合计	方差百分比 /%	累积 /%	合计	方差百分比 /%	累积 /%
1	16.741	45.247	45.247	16.741	45.247	45.247	4.391	11.768	11.768
2	2.8	7.566	52.813	2.8	7.566	52.813	4.339	11.817	23.595
3	2.455	6.636	59.45	2.455	6.636	59.45	4.191	11.227	34.922
4	1.963	5.306	64.756	1.963	5.306	64.756	3.969	10.727	45.649
5	1.756	4.745	69.501	1.756	4.745	69.501	3.87	10.35	56.109
6	1.539	4.16	73.662	1.539	4.16	73.662	3.543	9.577	65.685
7	0.563	1.52	81.516						
8	0.563	1.52	81.516						
9	0.517	1.397	82.913						
10	0.486	1.313	84.226						
11	0.446	1.204	85.43						
12	0.422	1.141	86.571						
13	0.41	1.108	87.679						
14	0.383	1.034	88.713						
15	0.34	0.919	89.632						
16	0.317	0.856	90.488						
17	0.298	0.806	91.293						
18	0.271	0.734	92.027						
19	0.263	0.712	92.738						
20	0.244	0.659	93.397						
21	0.236	0.639	94.036						
22	0.225	0.608	94.644						
23	0.212	0.573	95.218						
24	0.201	0.543	95.761						
25	0.172	0.466	96.227						

进行降维后，本次问卷的旋转成分矩阵如表 3-9 所示，由表 3-9 可以得出，Q1 ~ Q5 被划分为一个主成分，其因子载荷值在 0.80 ~ 0.86 之间，该主成分可解释方差为 11.768%，根据本次调查问卷，将该主成分命名为感知有用性；Q6 ~ Q9 被划分为一个主成分，因子载荷值在 0.80 ~ 0.86 之间，该主成分可解释方差为 11.817%，根据本次调查问卷，将该主成分命名为感知易用性；Q10 ~ Q12 被划分为一个主成分，因子载荷值在 0.89 ~ 0.94 之间，该主成分可解释方差为 11.227%，根据本次调查问卷，将该主成分命名为信任、学习态度；Q13 ~ Q15 被划分为一个主成分，因子载荷值在 0.80 ~ 0.92 之间，该主成分可解释方差为 10.727%，根据本次调查问卷，将该主成分命名为学习动机；Q16 ~ Q20 被划分为一个主成分，因子载荷值在 0.85 ~ 0.92 之间，该主成分可解释方差为 10.350%，根据本次调查问卷，将该主成分命名为学习态度、学习自我感知；Q21 ~ Q25 被划分为一个主成分，因子载荷值在 0.82 ~ 0.88 之间，该主成分可解释方差为 9.577%，根据本次调查问卷，将该主成分命名为高阶学习效能。

表 3-9　量表旋转成分矩阵

	成　分					
	1	2	3	4	5	6
Q1	0.84					
Q3	0.86					
Q2	0.849					
Q4	0.85					
Q5	0.8					
Q6		0.81				
Q7		0.8				
Q8		0.86				
Q9		0.84				
Q10			0.92			
Q11			0.89			
Q12			0.94			
Q13				0.8		
Q14				0.86		
Q15				0.92		

续　表

	成　分					
	1	2	3	4	5	6
Q16					0.88	
Q17					0.88	
Q18					0.85	
Q19					0.83	
Q20					0.88	
Q21						0.864
Q22						0.851
Q23						0.83
Q24						0.88
Q25						0.82

对本次研究进行相关性分析，结果如表3-10所示。由表3-10可知，感知有用、感知易用、信任、学习态度、学习动机、学习兴趣、学习自我感知、高阶学习效能各个维度之间有着极其显著的两两相关关系。感知有用性与其他维度的相关系数在 0.387～0.578 之间，感知易用性与其他维度的相关系数在 0.354～0.576 之间，信任与其他维度的相关系数在 0.534～0.574 之间，学习态度与其他维度的相关系数在 0.370～0.670 之间，学习动机与其他维度的相关系数在 0.382～0.617 之间，学习兴趣与其他维度的相关系数在 0.450～0.675 之间，学习自我感知与其他维度的相关系数 0.450～0.642，高阶学习效能与其他维度的相关系数为 0.397～0.675。

表3-10　相关性分析

	感知有用	感知易用	信任	学习态度	学习动机	学习兴趣	学习自我感知	高阶学习效能
感知有用	1							
感知易用	0.395	1						
信任	0.486	0.463	1					
学习态度	0.387	0.376	0.535	1				
学习动机	0.546	0.354	0.569	0.376	1			

	感知有用	感知易用	信任	学习态度	学习动机	学习兴趣	学习自我感知	高阶学习效能
学习兴趣	0.578	0.576	0.574	0.37	0.382	1		
学习自我感知	0.468	0.512	0.517	0.67	0.594	0.45	1	
高阶学习效能	0.397	0.498	0.547	0.619	0.617	0.675	0.642	1

对信任中介效应的结构方程模型拟合结果如表 3—11 所示。由表 3—11 可知，X2 自由度比值 CMIN/DF 数值为 1.876，符合研究结果对于 CMIN/DF 小于 3 的要求；拟合优度指数 GFI 数值为 0.921，达到 GFI 大于 0.9 的要求；近似误差均方根 RMSEA 数值为 0.062，符合 RMSEA 必须小于 0.08 的国际要求；规准适配指数 NFI 为 0.913，增量拟合指数 IFI 为 0.907，塔克－刘易斯指数 TLI 为 0.916，比较拟合指数 CFI 为 0.909，均达到 NFI、IFI、CFI、TLI 必须大于 0.9 的总体要求；调整后的简约比较拟合指数 PCFI 和调整后的规准适配指数 PNFI 分别为 0.764 和 0.798，都符合大于 0.5 的研究要求。拟合指标的数值指明，信任的中介效应结构方程模型总体拟合度较好。

表 3—11　信任中介效应的结构方程模型拟合

统计检验量		数　值	结　果
绝对拟合指数	CMIN/DF	1.876	合格
	GFI	0.921	合格
	RMSEA	0.062	合格
	NFI	0.913	合格
相对拟合指数	IFI	0.907	合格
	TLI	0.916	合格
信息指数	CFI	0.909	合格
	PCFI	0.764	合格
	PNFI	0.798	合格

在开展研究工作时，结合研究假设来构建相应的结构方程模型，在利用 IBM SPSS AMOS 24.0 对模型当中的各条路径开展评估工作时，采用的是极大似然估计法。在以"感知有用"和"感知易用"为输出变量的所有路径中，得到感知有用、感知易用对信任的影响（$\beta = 0.045$，$p = 0.048 < 0.05$）及对反思性学习的影响（$\beta = 0.049$，$p = 0.035 < 0.05$），均显著。对结构方程模型采用极大似然法评估各路径，最终数据显示，各条路径均达到了 0.05 的显著水平，并且方程模型也与调查数据存在较好的拟合度。对修正后的结构方程模型中各研究假设的检验结果进行梳理后可知，结构方程模型中所有路径已经达到 0.05 的显著水平。笔者在对模型适配度指标进行检验时，首先检验模型参数是否存在违规估计的现象，经过检验发现该模型的误差方差以及标准化参数系数等均符合条件。本研究结构方程的适配度由 10 个统计量描述组成，可将它们划分为如下三个类别：绝对适配统计量（卡方值检验的显著性概率值 P、卡方自由度比 CMIN/DF 等）、增值适配度统计量（规准适配指数 NFI、相对适配指数 RFI 等）、简约适配统计量（简约调整后的规准适配指数 PNFI、简约适配度指数 PGFI）。笔者对诸多学者的研究成果进行了梳理，最终得到的结构方程模型适配度指标与各指标推荐值如表 3-12、表 3-13 所示。

表 3-12 结构方程模型的拟合指标

拟合指标	P	CMIN/DF	RMSEA	GFI	AGFI	NFI
模型值	0.079	1.182	0.034	0.908	0.877	0.935
推荐值	>0.05	1.0-3.0	<0.05	>0.90	>0.90	>0.90
拟合指标	RFI	IFI	TLI	CFI	PGFI	PNFI
模型值	0.922	0.989	0.987	0.989	0.675	0.776
推荐值	>0.90	>0.90	>0.90	>0.90	>0.50	>0.50

表 3-13 结构方程模型拟合路径分析

假 设	路 径	路径系数估计值	S.E.	C.R.	P
H1	混合式教学方法 → 感知有用	0.600	0.045	4.390	***
H2	混合式教学方法 → 感知易用	0.588	0.04	4.490	***
H3	感知有用 → 信任	0.333	0.06	3.746	***
H4	感知易用 → 信任	0.562	0.06	3.513	***
H5	信任 → 学习态度	0.604	0.041	5.100	***
H6	信任 → 学习兴趣	0.159	0.043	4.124	***
H7	信任 → 学习自我感知	0.489	0.051	3.676	***
H8	信任 → 学习动机	0.577	0.041	3.627	***
H9	学习兴趣 → 高阶学习效能	0.322	0.06	4.159	***
H10	学习态度 → 高阶学习效能	0.561	0.05	3.651	***
H11	学习自我感知 → 高阶学习效能	0.601	0.046	4.256	***
H12	学习动机 → 高阶学习效能	0.160	0.044	4.289	***

综合以上分析，基于信息化支持的混合式教学情境下高阶学习影响因素模型，学生对混合式教学方法感知有用、感知易用能够使得学生对混合式教学方法产生信任，感知有用、感知易用与信任正相关；学生信任混合式教学方法，学生在基于信息化的混合式教学情境下，高效学习效能的影响因素主要有学习态度、学习动机、学习兴趣、学习自我感知。信任与学习态度、学习动机、学习兴趣、学习自我感知正相关，学生的学习态度、学习动机、学习兴趣、学习自我感知正向提升，可以提高学生学习效能，存在正相关关系。

4. 研究假设检验

研究模型的假设检验结果是以结构方程模型为基础获取的，具体内容如表 3-14 所示，根据结构方程模型，混合式教学模式对大学生高阶学习效能影响因素模型的假设 H1、H2、H3、H4、H5、H6、H7、H8 、H9、H10、H11、H12 均得到了数据的支持。

表 3-14　模型假设检验结果

假　设	路径系数估计值	S.E.	t.	P
H1	0.600	0.045	13.080	***
H2	0.588	0.04	14.855	***
H3	0.333	0.06	6.72	***
H4	0.562	0.06	8.536	***
H5	0.604	0.041	15.15	***
H6	0.159	0.043	3.679	***
H7	0.489	0.051	9.644	***
H8	0.577	0.041	13.947	***
H9	0.322	0.06	6.94	***
H10	0.561	0.05	8.732	***
H11	0.601	0.046	13.186	***
H12	0.160	0.044	4.156	***

注：* 表示 P<0.05　*** 表示 P<0.001。

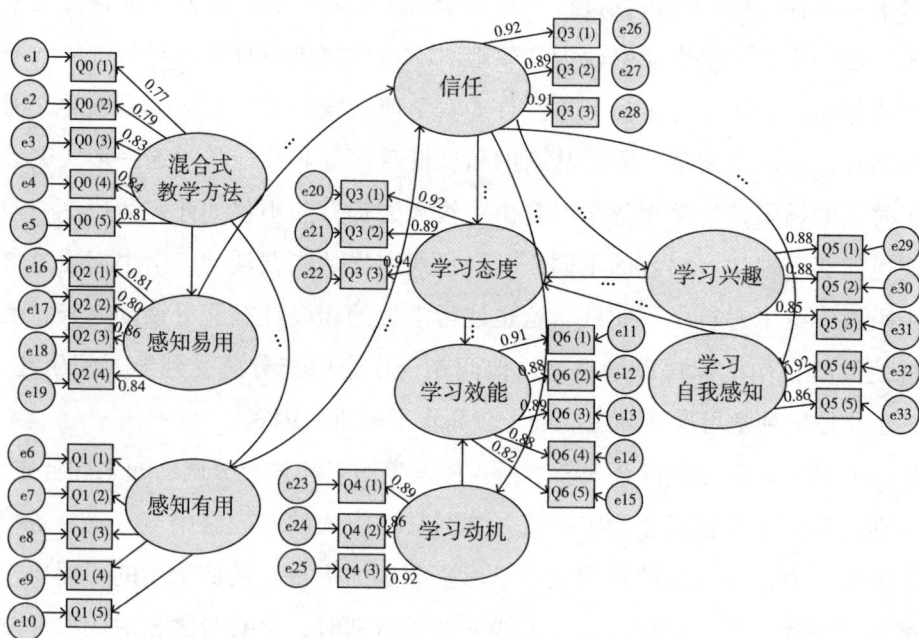

三、研究结果分析

1.学生对于混合式教学方法感知有用、感知易用时，会对混合式教学方法产生信任，信任使学生在混合式教学情景下，学习态度正向转变，学习动机增强，学习兴趣增强，学习自我感知能力提高，由此学生可以提高自己的高阶学习效能。

2.学生和教师对混合式教学模式中运用的云教学平台的实用性是比较满意的；绝大部分师生认为微操方面都是较为简单的，对其具备较高的接受度，对其实用性能等也非常满意，从中也可以得出结论，此次实验所采取的教学平台是受到师生认可的，说明云教学平台在功能方面具有科学性和可靠性。云教学平台丰富了学习活动，对学生掌握新知识很有帮助，提供的学习方法使学习过程很顺利，帮助学生获得了很有用的学习信息，帮助学生学习得更好，比传统教学的学习方法更有用，平台操作简单，学生很快就能学会使用平台，学生很容易就能理解教学内容，紧跟教学进度，平台提供的丰富资源也使学生整个学习过程更加高效、有趣。

3.学生在学习方式满意度方面，混合式教学使学生在学习过程中能够对学习内容、相关知识点进行更加科学的辨别和归类，即使不能很好地完成学习任务，学生也能够较为高效地对学习内容进行理解。与传统的教学方式相比，趣味性显著提升，混合式教学使在线教学与线下课堂教学交流相结合，可以帮助学生学会从新的角度发现问题。在线学习这一形式突破了时空的局限，使学生的学习自由度被大大提升。不仅如此，运用这一模式也能够根据学习内容的不同来开展形式多样的实践活动，学生们通过自由组成小组来进行学习实践，这也使得学生的积极性被充分调动起来，使得他们的合作精神得以增强，让他们在合作当中充分感受到学习的乐趣，这也是使这种学习模式满意度处于较高水准的重要因素。

4. 基于云学习的混合式教学模式使学生的兴趣被充分调动起来。首先，现在的学生本身就属于数字一代，这一教学模式的有效应用本身就具备特殊的吸引力，不仅能够让学生的学习资源更加丰富，还使学生的不同要求都能够得到满足，其次，在开展线下课堂活动时，会有与之相对应的课堂活动安排，教师精心设计，借助 SPOC 平台将平时无法实现的实训情境进行虚拟仿真，实现理论、实践一体化教学，从而有效提高学生的成就感和满足感，学生的兴趣也由此而形成，学生的动手操作能力得到了充分的锻炼，学生的成长诉求也得到了充分的满足；最后，混合式教学并不需要使用较长的时间进行讲授，学生仅仅需要运用较短的时间学习视频中的内容即可，而在线下课堂教学中教师则能够充分调动学生好奇心，使得他们的注意力能够始终集中在课堂教学内容上。

5. 学生在混合式教学模式下良好的学习的态度与强烈的动机更有利于他们学习。通过在基于 SPOC 教学平台的混合式教学模式下学习，学生兴趣更加浓厚，这使学生的学习态度更好，具备更强的学习动机。除此之外，平台提供了非常丰富的学习资源，使得学生的视野及知识面都得到了有效的拓展，他们在学习过程中对于这个平台进行自主的使用，往往能够发现不同知识之间所具备的联系，取得更好的学习效果。而传统的教学方式让学生在学习过程中丧失了对学习的兴趣，甚至对学习产生了抵触心理，学习态度变得不那么积极，学习动机也变得不那么强烈。

6. 新的学习模式所承受的"心智负荷"明显较低。一是课前在 SPOC 平台上学习时可以随时向老师提问，教师也将及时反馈，帮学生解答学习过程遇到的各类问题，在认知负荷方面它具备更低的心智负荷；二是 SPOC 平台上的微课等视频教学资料具备时间短的特征，往往限制在 10 分钟以内，能够让学生注意力十分集中地完成对学习内容的理解，而且学生可以随时停顿、回放、重播，按照自己的节奏自由安排学习进度，这使学生具备更低的心智负荷；三是这一平台提供了丰富的学习资源，能够让学生的学习自主性大大提升，学生在学习过程中遇见相关问题，可运用这一平台的资源进行解决，并不需要承担心智负荷。

7. 混合式学习模式融合了面对面的课堂讲授方式以及以信息化平台为基础的在线学习方式，改变了传统课堂的单一教学模式。在研究过程中笔者发现，信息化平台提供的多种教学模块（作业、论坛、在线测试等）极大地丰富了师生课堂互动的形式，使教师可以灵活开展开展教学活动，从而提高学生的学习效果，增强学生的学习兴趣。

第四章 基于信息化技术教学模式改革与实践的理论与调查

一、基于信息化技术教学模式改革与实践的理论

（一）经典教育理论

在线上教学模式当中，联通主义理论也是其中不可分割的组成部分，对该理论进行深入探索，能够对线上学习思想有更加深入的理解，能够对信息化资源进行更加高效的利用，对于学生线上学习质量的提升意义重大。此外，认知资源理论对于学生在学习过程中的心理变化是极为重视的，运用该理论进行借鉴，能够对师生之间的关系产生更加本质的理解，在开展教学工作时，通过设计更加高效的教学方案促进学习效率提升。

1. 联通主义理论

联通主义学习理论由乔治·西蒙斯（George Siemens）于 2005 年首次提出，在经过 10 多年发展之后逐步成为互联网时代最为重要的学习理论。这一理论与现阶段学习者学习现状相契合，选择从全新的视角，对学习者如何处理高度开放以及迅速变化的学习信息进行了深入的阐述。联通主义学习理论以混沌理论以及网络理论等诸多理论为基础发展而来。联通主义学习理论明确指出，学习是构建连接以及生成知识网络的过程，知识网络主要由节点和连接这两个部分组成，连接的形成和对节点的编码就是知识网络的构建过程。联通主义学习理论创始人乔治·西蒙斯强调学习者将新知识与旧有知识进行联系的重要性，同时也强调了知识重组和反馈对学习的作用。这一理论为教育者教学方法和策略的设计提供了指导。

2. 认知资源理论、认知负荷理论

本书在研究过程中也对认知资源理论进行了深入的研究，这一理论将

学习过程类比为计算机处理信息的过程，认为学习受到人类心智的影响主要是因为人类的对于知识的处理容量是有限度的。在教学设计领域，以认知资源理论为基础发展而来的认知负荷理论也是现阶段极为重要的理论，这一理论学生大脑的加工能力是有限的，认知过程受限于学生大脑的加工能力。认知负荷又可以划分关联认知负荷、内在认知负荷、外在认知负荷。关联认知负荷是学习者把所学内容与已有知识结构建立关联、整合过程中产生的负荷。内在认知负荷是不能由教学设计来改变的。外在认知负荷是由信息呈现的方式和学习者需要学习的活动引起的，可以通过减少对认知资源的全方位调动来减少，需要在真实的学习过程中进行适当调用。生活实践中所面临的绝大部分的问题都是存在真实情境的，需要人们将认知资源进行充分调配，并将之进行抽象化，转化为基础问题，只有这样才能更好地解决问题。梅耶（Richard E. Mayer）在研究过程中将认知资源理论作为切入点开展实践研究工作，提出了多媒体认知理论，指出多媒体设计的原则应该与人类加工信息的方式相一致。通过对多媒体认知理论理论进行梳理，可以发现听觉以及视觉这两种感知通道能够对信息进行传播，并且以词语和图像的形式将之呈现给学生。学生在学习过程中会将声音组织成言语模型，将图像组织为图像模型，在脑海当中进行处理。学生在进行信息加工的过程中，能够对常识记忆中的原有知识进行激活，这对于言语模型和图像模型之间的整合起到了至关重要的作用。学习成果是在加工及整合工作完成之后获取的，在完成上述环节之后，学生会将学习成果在常识记忆中进行存储。学生在进行认知活动时所调用的资源，这些资源包括注意力、工作记忆、决策能力等，当学生同时进行多个认知任务时，这些任务会竞争有限的资源，导致认知负荷增加，影响个体的认知能力。这就可以解释为什么在多学习任务情境下个体的注意力容易分散，学习记忆容易模糊，决策容易失误等。认知资源理论对于工作、学习和生活中的任务管理和优化有一定的指导意义。因此，教学过程需要注重有效教学形式的设计，通过制定目标、自由提问以及开展灵活丰富的活动等相关形式来实现这一目的。

3.社会认知理论

社会认知理论是由阿尔伯特·班杜拉在研究过程中首次提出的。通过对这一理论进行梳理，可以发现人们对于行为可能出现的结果会进行相应的预测，这对于学习也会产生较为关键的作，因为上述预测的存在会对人们的目标设置以及努力付出程度等产生相应的影响，通过进一步研究也可以发现自我效能感往往会对学生的预测产生深远影响。个体对自己是否有能力解决一项特定的任务所进行的感知和判断称为自我效能感，成败经验以及生理和情绪唤醒状态等是自我效能感的重要来源。学生能够摆脱对教师的依赖是教学的一个目标，这对于学生独立自主学习能力的培养和强化起到的作用是极为重要的，因此学生在学习过程中要注重自我调节，将自身的思维进行充分激发，将情绪进行充分调动，为特定目标的实现奠定基础。班杜拉在研究过程中指出教师需要积极发挥指引作用，引导学生处理复杂以及有意义的任务，除此之外教师还需要对他们的学习过程及效果进行全方位的监控，学生也要在这一阶段做出符合自身发展的相关选择。不仅如此，教师还需要引导学生参与学习过程和学习结果评价标准的制定，让他们运用这一标准来对自身的学习进步情况进行评价，最后也要注重团队协作能力的培养，鼓励学生参与协作学习，并在学习过程中互相反馈。

（二）混合式教学设计理论

1.面向全体学生的掌握学习理论

传统教学方式要求教师在规定时间内采用标准化教材完成统一教学，并对学生进行统一的标准化的考核，这是一种借鉴工厂标准化、流水线式生产思想的教学育人模式。在教学过程中，教师不得不选择中等水平的学生作为样本开展教学设计工作，这在很大程度上会使学生之间出现学习差异和成绩分化现象，教师的教学设计往往又会受到成绩分化的正态分布曲线的影响，最终使教学设计与学习成效之间形成一种恶性循环。如果教学是一种有目的、有意识的活动，并且成效极为显著，那么学生成绩应该是一种偏态分布。只要学生的智力处于正常水准及以上，那么他们最终学习成绩都会达到优良。结合上述认知，布鲁姆（B. S. Bloom）提出掌握学习理论，指出只要时间足够并且教学方式合适，那么几乎所有的学生都能够完全掌握课堂内容。

2. 以问题为中心的首要教学原理

梅瑞尔（David Merrill）在研究过程中指出，尽管远程教学产品拥有上乘的质量，也极为吸引人，但如果只注重多媒体教学，注重远程教学产品，会忽视了学生的个体差异性。他在研究过程中对社会认知主义等诸多理论进行了梳理，首次提出了首要教学理论，指出如果学生能顺利解决真实世界中的问题，那么就会促进自身学习能力的发展。以此作为出发点，他提出了有效学习涵盖的4个阶段，分别是激活、展示、运用以及对核心思想的整合。只有教师设计出来的问题是面向真实世界，并且能给予学生相应指引的时候，才能促进学生有效学习的发生，才能够保障教师教学效能的进一步提高。这一理论的提出使得教学需要直面更加复杂的真实世界，需要教师转变讲授式的教学方式，也预示着教师在今后工作过程中要成为学习的指引者和促进者，而不仅仅作为知识的传递者而存在。

3. 关注高阶思维养成的深度学习理论

布鲁姆在研究过程中将认知过程划分为记忆以及理解等6个层次。对当前的课堂教学进行观察，可以发现，绝大部分教师在开展教育教学工作时，仍然停留在帮学生进行知识的记忆以及复述等方面，这仅仅作为浅层学习活动而存在，高阶思维活动，如知识的综合运用以及问题的创造性解决等在现阶段的课堂教学中占据比例较小。深度学习理论正是建立在对孤立记忆与机械问题解决方式批判的基础之上，提出教师需要将发展高阶思维能力作为教学目的。

4. 促进记忆保留的主动学习理论

结合信息加工理论进行梳理，可以发现所有的学习过程反映的都是内在心理动作对于外在信息进行加工所形成的。梅耶在研究过程中以此为出发点，对学习模式中新旧知识之间的相互作用进行了探讨。诸多知名学者的研究观点都明确表明，主动学习是促进知识从短期转化为长期的重要的方式。本书也对戴尔提出的经验之塔理论进行了梳理，从中可以发现被动接受教师教学中传递的经验，学生的记忆将会保持较短的时间，学习效率也处于较低水准，通过实践所形成的经验，能够与外部世界直接相连，因此主动参与学习活动是提升记忆力的重要方式。这一观点也与李鹤琴先生提出的观点一致。在开展日常教育教学工作时，为了促进学生保持更久的记忆，那么在开展混合式教学过程中，教师需要做好协调和指导工作，学生也需要采用自主学习以及合作学习的方式，积极参与教学实践活动，解决学习中遇到的问题。学生通过观察以及练习，能够获得更多的知识和技巧，从而拥有解决问题的思路，提升自己的能力。

二、基于信息化技术教学模式改革与实践的调查

（一）调查的背景

随着互联网等诸多先进技术的进一步发展，各类院校的教育信息化建设工作也在如火如荼地开展，智慧校园的建设已经成为各大高校发展道路上不可忽视的部分，智慧校园与教学以及科研等诸多环节息息相关，主要目的是实现教育环境以及教育资源等智慧化。传统的以教师为中心的教学模式正在转变为以学生为中心的教学模式，这一新型的教学模式充分凸显了学习资源以及问题导向的重要作用。在这一背景之下，微课以及慕课等诸多形式，逐步成为教育领域的热点课题。

国内关于教育智慧学习环境的研究起步较晚，学者的理论研究局限于对翻转课堂的概念以及模式范式等的研究，对于教学设计方面的研究仍然存在较大的进步空间，教学设计方案并不能够提供充分的参考；不仅如此，实践研究也极为欠缺，现阶段仅有少数几个学校开展了相关的实践研究，实践研究尚未深入开展，不能提供充分的参考，也没有论证翻转课堂在实际教学工作中的效果，因此后续仍然需要注重实践研究工作的推进，来对翻转课堂教学的效果进行验证。

（二）调查的目的和意义

本次调研主要想摸清基于信息化技术的相关专业教学模式改革的基本情况，包括智慧学习环境的理论研究，信息化课堂教学的网络环境，教学终端，信息化教学平台，学生、教师对进行信息化教学改革的态度等，并在此基础上找出信息化教学模式改革存在的问题，提出改进的建议。

（三）调查对象与方法

2020 年 5 月 8 日至 7 月 20 日，项目组历时 2 个多月，对全国 7 所中职学校、8 所高职院校、6 所本科高校通过问卷调查、现场访谈等方式进行了调研，共收回有效学生调查问卷 1 572 份、教师调查问卷 199 份。项目组对这些数据资料进行了整理，形成了调查对象分别为教师和学生的关于基于信息化技术的相关专业教学模式改革与实践的调研报告。

1. 调查对象

青岛市城阳区职业教育中心、淄博信息工程学校、鲁中中等专业学校、济宁市高级职业学校、东营市中等专业学校、日照市工业学校、山东省济南商贸学校 7 所中职学校，东营市技师学院、山东科技职业学院、山东经贸职业学院、临沂市高级财经学校、聊城职业技术学院、淄博职业学院、滨州职业学院、济南职业学院 8 所高职院校，潍坊学院、山东第二医科大学、山东财经大学、北部湾大学、成都文理学院、枣庄学院 6 所本科高校的学生和教师进行了匿名网络问卷调查和现场访谈，共收回有效学生问卷 1 572 份、教师问卷 199 份。

2. 调查方法

本次调查，项目组主要采用调查问卷法和现场访谈的方法。首先根据调查方案和本次调查的目标，项目组针对信息技术条件下的相关专业教学模式改革要具备的硬件、软件环境、教学平台和课堂教学组织方法等，精心进行问卷设计。参加问卷调查的学生 1 600 人，回收有效问卷 1 572 份，教师 200 多人，回收有效问卷 199 份。此外，还对 3 所高校的 8 名专业教师进行了访谈。

3. 数据处理

项目组针对相关调查项目进行数据整理，为做好数据分析打好基础。

（四）调查结果与分析

1. 学校的网络环境已经满足信息化技术的课堂教学模式改革需求

调查发现，有 60.5% 的学生反映学校有免费 Wi-Fi，有 76.88% 的教师反映学校有免费 Wi-Fi；有 79.39% 的学生反映业余时间参与过网上学习；有 53.31% 的学生反映教师采用"教学过程全面采用多媒体手段，分成小组，小组内通过讨论探求新知，教师引导评价"的教学方式可以提高学习效果；有 66.33% 的教师反映每间教室里都装有触控式一体机（含有交互电子白板功能、上网功能）等信息化教学设备；93.19% 的学生反映家里能上网。以上数据说明，所调查的学校的网络环境基本满足了信息化课堂教学改革的需求。

2. 信息化课堂教学改革的教学终端已经具备

调查发现，有 81.87% 的学生使用手机每天上网时间在 0.5 小时以上；只有 12.4% 的学生反映学生全部使用电脑上课，13.49% 的学生反映试点班级使用平板电脑上课；3.98% 的学生反映每一间教室里都装有触控式一体机（含有交互电子白板功能、上网功能）等信息化教学设备。调查的中职学校的信息化课堂教学改革的教学终端已经具备，学生使用最多的是智能手机，平板电脑的使用比例较低。

3. 不少教师进行了信息化课堂教学模式改革尝试

调查发现，有 45.23% 的教师在课堂教学中尝试过采用翻转课堂教学模式进行教学（图 4-1）；有 18.09% 和 24.12% 的教师认为实施翻转课堂教学模式进行教学的效果很好和比较好；有 47.74% 的教师在课堂教学中尝试过采用混合式教学模式进行教学；有 14.07% 和 34.17% 教师认为实施混合式教学模式进行教学的效果很好和比较好。

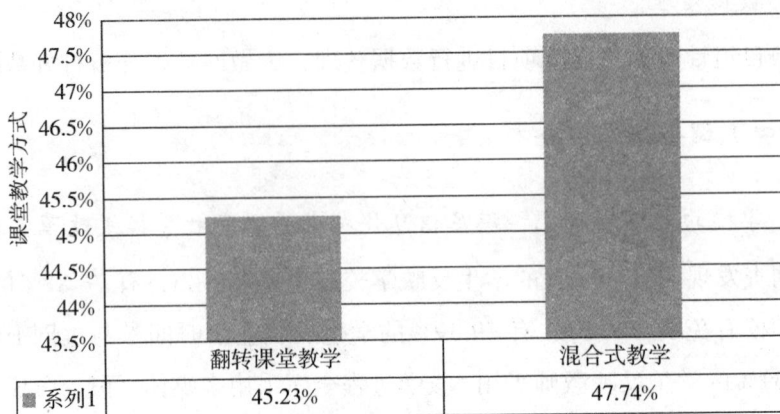

图 4-1 教师使用"翻转课堂"教学情况统计

4. 对学生手机的管理需要创新

调查发现，有 26.15% 的学生反映学校"入校收手机"、有 51.65% 的学生反映学校"上课收手机"，只有 17.94% 的学生反映学校"上课允许带手机"；有 50.57% 的学生"认为上课带手机弊大于利"；有 73.03% 的学生认为上课允许带手机的弊端是"会分散注意力"，有 64.95% 的学生认为上课允许带手机的弊端是"控制不住自己想玩"，有 79.9% 的学生认为上课使用手机教学的弊端是"操作烦琐"；有 67.05% 的学生认为上课使用手机教学的好处是可以"丰富教学资源"，有 62.66% 的学生认为上课使用手机教学的好处是"增加学习的乐趣"，有 61.9% 的学生认为上课使用手机教学的好处是"及时分享成果"，有 57.57% 的学生认为上课使用手机教学的好处是"增加师生互动"（图 4-2、图 4-3）。调查数据说明大多数学校不允许学生上课带手机，这种做法是一种"禁"，而不是"导"，不是引导学生使用好智能手机。其实，禁是禁不住的，甚至可能越禁，学生越带手机，所以老师应多去探索引导学生把手机用于帮助自己学习的方法。

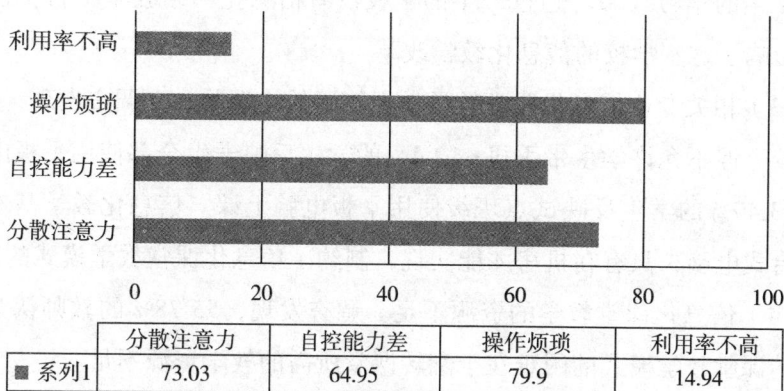

	分散注意力	自控能力差	操作烦琐	利用率不高
■ 系列1	73.03	64.95	79.9	14.94

图4-2 上课使用手机教学缺点情况统计

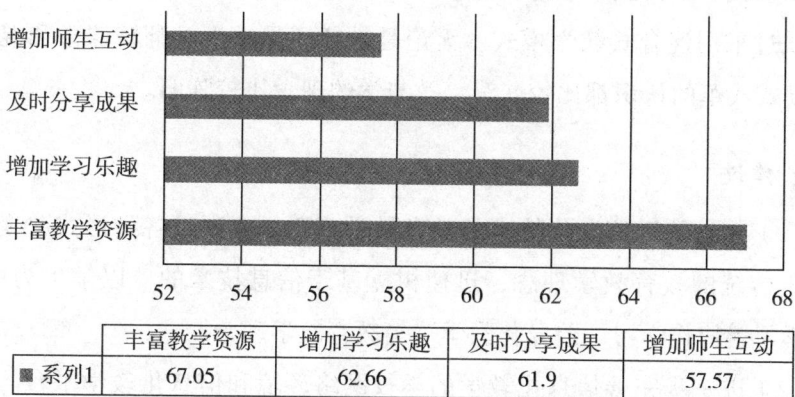

	丰富教学资源	增加学习乐趣	及时分享成果	增加师生互动
■ 系列1	67.05	62.66	61.9	57.57

图4-3 上课使用手机教学优点情况统计

（五）调查结论与建议

1.调查结论

（1）信息化课堂教学模式改革已势不可挡。调查发现，97.33%的学生使用手机QQ，90.65%的学生使用手机微信，79.39%的学生业余时间参与过网上学习，这些数据说明中职学生是天然的信息时代的原住民，进行信息化教学模式改革已是大势所趋，不可逆转。

（2）信息化课堂教学平台使用较少。调查发现，49.75%的教师认为利用网络课程平台授课或利用微博（微信）等其他网络平台讨论问题，可以提高学生的学习效果。超过一半的学校没有信息化网络教学平台，这必然严重影响了这些学校的信息化教学改革。

（3）相关专业信息化课堂教学学生使用的终端单一。调查发现，77.8%的学校上课不允许学生带手机；12.4%的学生反映学生全部使用平板电脑上课，13.49%的学生反映试点班级使用平板电脑上课。信息化教学基本上是使用台式电脑，只有在机房才能实现，制约了信息化课堂教学模式的改革。

（4）信息化课堂教学的资源不足。调查发现，55.78%的教师认为，实施翻转课堂教学模式的困难在于翻转课堂所需的教学资源不足。

（5）信息化课堂教学改革实践还比较少。调查发现，只有45.23%的教师在课堂教学中尝试采用翻转课堂这一模式开展教学工作，有47.74%的学生尝试过采用混合式教学模式。无论是教师还是学生对翻转课堂和混合式教学模式改革的认识都比较肤浅，教与学的理念比较陈旧。

2. 建议

（1）建立基于信息化技术的教育教学理念。要通过各种形式改变教师和学生传统的教育教学理念，迅速树立基于信息技术的"以学生为中心，主动学习，协作学习，差异化教学"等教育教学理念。

（2）进一步完善信息化教学的学校网络环境和信息化教学平台。信息化教学改革需要大的有线无线带宽、完善的数据中心设备设施，才能实现大规模的师生在线学习和互动交流。另外，基于信息技术的教学模式改革，还需要选择使用专业的教学平台，这样有助于教师和学生尽快掌握在线学习和交流的技术，也有利于专业教学资源的展示和学生学习。

（3）解决信息化课堂教学的学生终端使用问题。调查发现，学生不仅上网时间较多，而且有56.3%的学生认为"上课允许带手机，能控制住自己，只用手机学习、抵制住手机上网玩游戏的诱惑"，只有10.37%的学生认为"不能，只要手机在手，我就想玩游戏上网"；61.01%的学生认为"如果上课允许带手机，可以通过自律方式控制课堂秩序"，58.08%的学生认为"如果上课允许带手机，可以通过提高课程的趣味性和实用性控制课堂秩序"。由此可知，只要正确引导和有效利用学生手机进行信息化教学改革，增强课程的趣味性和实用性，完善信息化课堂教学设计，就能够有效地解决学生上课带手机，注意力被分散的问题。

（4）进行信息化教学资源建设。通过调查发现，信息化教学资源不足是制约信息化教学改革的重要因素，加强信息化教学资源建设是进行信息化教学改革的必要条件。进行信息化教学资源建设可以选择购买教学资源和合作建设教学资源、学校教师自行开发等方式。

（5）深化信息化课堂教学模式改革实践。通过调查发现，学校只有45.23%的教师在课堂教学中尝试采用翻转课堂教学模式进行教学，47.74%的教师在教学中尝试采用混合式教学模式进行教学。数据说明，开展的教学模式信息化改革实践活动还不多，大多数还在尝试阶段。因此，应深化信息化课堂教学模式改革实践。

第五章 基于信息化的混合式教学促进高阶学习效能的教学实践

一、混合式教学实践项目课程标准

（一）导游基础知识课程标准

1. 课程性质与任务

这一课程是中等职业学校旅游服务与管理专业的专业基础课程，也是学生参加导游资格证考试、提高职业能力的核心课程。该课程介绍导游在讲解过程中涉及的各方面知识，学生在学习过程中需要掌握历史文化以及自然景观等相关知识，提高文化修养和综合素质，为以后将所学知识熟练、灵活地应用于导游讲解实践奠定坚实基础，更好地弘扬我国的文化与文明，确保游客的文化追求得到满足，作为文化的传播者，贡献自己的力量。

2. 课程教学目标

（1）知识目标

①熟悉我国历史文化小常识。

②了解我国风景名胜区地理分布，熟悉我国主要自然景观的构成、分布及特点，对我国现阶段拥有的世界遗产以及主要风景区进行了解。

③对我国古代建筑的发展历程进行了解，熟悉我国古代建筑的基本构件、特点和建筑思想，掌握古代各种建筑的类型及特征。

④熟悉我国古典园林的基本类型与特色，掌握其基本构成要素等。

⑤了解我国各民族的组成分布，掌握汉民族的起源及发展，掌握我国重要的传统节日，对少数民族的民居以及服饰等进行熟悉。

⑥了解我国菜系的发展简况，熟悉我国菜系的主要流派及风味特点、代表菜品，对我国的名茶名酒等产品有着基本的了解。

⑦了解我国古代诗词中相关的旅游和文学知识。

（2）能力目标

①在对我国历史文化的相关知识进行讲解时，能够运用历史知识来对旅游文化的现象进行分析。

②能够对我国不同类型的自然景观进行讲解，并运用所学知识分析有关自然现象。

③能够通过古建筑的外在形态判断古建筑的等级高低，并运用所学知识对古建筑作出正确的审美评价，能在带团过程中做出正确的讲解。

④能够运用相关知识正确欣赏中国主要的古典园林之美，并运用到导游讲解中。

⑤能够在讲解中正确运用民族民俗知识，理解民族分布、历史由来等因素对各民族的生活习俗及礼仪禁忌产生的影响。

⑥能够具备一定的名酒、名茶鉴赏能力，在讲解中会运用所学的中国饮食文化的相关知识。

⑦具备一定的工艺美术鉴赏能力和导购能力，在讲解中运用相关风物特产的知识。

⑧在讲解中会运用所学的旅游诗词、文赋、楹联及相关知识，能从旅游诗词、文赋和名胜楹联中把握景观特色与内涵。

（3）职业情感目标

①培养学生具备爱国、敬业、诚信、友善的品质以及良好的学习素养。

②培养学生的爱国热情以及对旅游事业的热爱、良好的职业意识和服务意识。

③促进学生团结协作能力的强化，在实践工作中利用沟通的形式来对问题进行分析和解决。

④提高学生的审美情趣和创新意识。

3. 参考学时

108 学时。

4.课程学分

6 学分。

5.课程内容和要求

课程内容和要求如表 5-1 所示。

表 5-1　课程内容和要求

序号	教学项目	教学内容与教学要求	活动设计建议	参考学时
1	中国历史文化	1.中国历史概述 2.了解中国古代文化、哲学及科学技术 3.掌握中国古代历史文化常识	1.通过多媒体、视频等介绍中国古代文化、哲学、科学技术及历史文化常识 2.任务驱动，布置学习任务，让学生练习，教师巡回检查 3.小组活动，检查学生学习的情况，教师集中讲解分析存在的问题	16
2	中国自然旅游景观	1.掌握与旅游景观相关的地貌、水体、气象气候及动植物知识 2.了解中国的世界遗产	1.通过视频、多媒体等介绍地貌、水体、气象气候及动植物旅游景观的相关知识；中国的世界遗产 2.任务驱动，调查了解近年来中国申遗成功的旅游景点 3.教师对学生的学习结果进行检查，对学生进行提问和测验	16
3	中国古代建筑	1.了解中国古代建筑的构造、基本思想和建筑特点 2.了解古代建筑各形态的演变历程 3.掌握宫殿建筑、陵墓建筑、坛庙建筑、民居的分类和特征以及代表性建筑	1.通过视频、动画、App、数字博物馆等介绍中国古代建筑的特征、等级、分类及代表性建筑 2.以任务驱动为主线，引导学生完成知识目标的学习 3.运用思维导图提炼知识要点 4.运用 3D 导游模拟系统进行导游模拟讲解	16

序号	教学项目	教学内容与教学要求	活动设计建议	参考学时
4	中国古典园林	1. 了解中国古典园林的发展简史、特征及分类 2. 掌握中国古典园林的组成要素与造园艺术 3. 熟知中国古典园林的构景手法及著名的古典园林代表	1. 通过视频等介绍中国古典园林的发展历史、特征和分类以及中国古典园林的组成要素和构景手法 2. 以任务来驱动，进行导游模拟讲解，对中国古典园林进行景点讲解 3. 教师通过测验和提问的方式对学生的学习情况进行检查	12
5	中国民族民俗	1. 了解我国民族民俗、人口、分布、历史和语言概况 2. 掌握汉族的风俗习惯及文化 3. 熟知北方、西南和南方部分少数民族在服饰、饮食、建筑、民俗禁忌等方面的相关知识	1. 通过多媒体、视频等介绍中国各民族的风俗习惯及文化 2. 任务驱动，去图书馆或上网查询各民族风俗习惯的由来，并说说自己的看法 3. 教师通过测验和提问的方式对学生的学习情况进行检查	16
6	中国饮食文化	1. 了解中国的主要菜系、名茶和名酒的特点、类型及分布地区 2. 掌握中国各地方的特色风味菜及特色小吃	1. 通过视频、多媒体等介绍中国的主要菜系、名茶、名酒的特点、类型 2. 任务驱动，运用调查、搜集资料的方法，编写美食文化、风物特产和旅游资源专辑 3. 教师对学生的学习情况进行检测和提问	10

序号	教学项目	教学内容与教学要求	活动设计建议	参考学时
7	中国风物特产	1. 了解中国陶瓷器的发展简史及有代表性的陶瓷器 2. 掌握中国三大名锦和四大名绣的产地、特点等 3. 了解雕塑工艺品的产地和特点 4. 了解金属工艺品、漆器工艺品的产地、特点等 5. 掌握文房四宝产生、发展历程及特点等 6. 掌握年画、剪纸和风筝的产地、发展及特点等	1. 通过视频、多媒体等介绍中国的陶瓷器、三大名锦和四大刺绣、玉雕、石雕、木雕、竹雕、贝雕、漆器、锡器、铜器、文房四宝、剪纸、年画和风筝的产地、发展历史及特点 2. 任务驱动，学生分小组去调研风筝的制作工艺，并完成调研报告 3. 教师对学生的学习情况进行检验和提问	10
8	中国旅游诗文	1. 了解中国古代诗词中相关的旅游和文学知识 2. 掌握诗词格律的常识、特点和种类 3. 了解楹联的起源与发展历史、分类及特点	1. 通过视频、多媒体等介绍中国汉字、诗词格律和楹联的起源、发展、分类及特点 2. 任务驱动，分析鉴赏介绍旅游风景名胜的诗词、楹联、游记 3. 教师对学生的学习情况进行测验和提问	8

6.教学建议

（1）教学方法。本课程教学过程中，应对小组讨论以及情景模拟等相关教学方法进行灵活运用，应注重以任务驱动教学工作的顺利开展，形成自身的课程特色。

①情景模拟法。情景模拟教学法是以任务为导向，以培养学生能力为目标，互动仿真的教学方法，其通过让学生分角色扮演导游和游客，进行模拟实操。这一教学方法的运用，不仅能够使学生的表达能力提升，也能够让学生通过理论学习来提升实践能力。

②任务驱动法。注重学生的主体地位，结合典型项目活动，来对学生进行指引，保障学生在学习过程中能够具备更高的实际操作能力。

③分组讨论法。对于学习任务，建议采取分组讨论法来完成，每4～6名学生分为一个小组，以小组为单位对学习任务进行讨论和分析。教师在开展具体工作时，需要将案例与所学知识进行有机结合，营造良好氛围，开展探讨活动。在完成小组探讨之后，各个小组的学生代表进行发言，教师对其进行概括和总结。各小组之间进行互评，教师进行点评，充分肯定各小组学生的表现，激发学生学习的积极性。

7. 评价方法

本课程考核原则是坚持评价过程、评价方式的多元化。过程性评价中注重对学生搜集、整理、分析旅游活动资料的过程与能力的评价、运用所掌握的导游基础知识分析导游实际带团业务过程与能力的评价，同时也要对学生在课堂讨论、模拟导游、实地参观、小组合作等活动中所表现出的学习态度、合作意识等进行评价。结果性评价可以采用笔试、案例分析、调查报告等多种方式进行评价。

8. 教学条件

（1）进行理论实践一体化教学，理论学习在多媒体教室，实践教学主要在实习旅行社和旅游景区等。对现代化的教学手段进行充分运用，将多媒体教学资源的优势发挥出来。除此之外，要对多媒体之间的组合进行优化。

（2）有一定数量的校外实训基地，将旅游企业的各类资源进行充分利用，让学生的参观和实训等诸多需要得到充分的满足。

（3）本课程教师应为双师型教师，具备不断改革和创新的教育观念，能在传授专业知识和专业技能的同时，培养学生的职业道德和职业素养，并注重培养学生不断学习和创新的能力。

9. 教材选编

（1）在开展教材编写工作时，需要将课程的原则导向等呈现出来，教学工作要以任务为驱动，充分凸显与传统学科教材的差异。

（2）若干个大项目组成教材的主要内容，在各个项目中也需要有一定的具体任务，内容的展开需要围绕任务，理论知识的编写也需要以工作任务的最终完成为指引。

（3）在对教材进行编写过程中，需要深化与企业的合作，对于教学项目的设计不仅需要符合企业的实际，更需要与教学特点相契合，保障项目脱胎于企业，立意却又比企业更高。

（4）在教材编写过程中，必然会涉及理论知识。要将理论知识深入浅出地讲解出来，就需要注重典型案例的运用，材料中每个项目案例的编写都需要结合教学目标以及工作任务等。

（5）案例汇编：在设置教学内容时，需要注重案例分析，注重理论与实践的紧密结合。只有这样，才能让学生在学习过程中对理论知识进行灵活运用，从而保障学生拥有更强的解决问题、分析问题的能力，从而进一步强化学生的主体意识。

10. 数字化资源开发

（1）对现代先进信息技术进行充分运用，对微课视频进行开发，注重多维以及动态课程训练平台的搭建工作，保障学生拥有更强的自主性和积极性，在学习过程中充分凸显创造性。

（2）注重校企合作平台的构建，对本行业的企业资源进行充分利用，充分满足学生的参观和实训需要，在合作过程中立足于学生的职业发展需求，动态调整教学内容。

（3）对电子书籍以及电子期刊等相应资源进行充分利用，保障教学内容的丰富多样，让学生在学习过程中能够学到更多知识，拓展知识面。

（4）要想促进学习效率的进一步提升，需要注重理论自测题以及师生交流平台构建工作，逐步实现网络教育以及师生网上互动和多媒体资源的共享，从而保障课程资源利用效率的进一步提升，学生学习效率的进一步提升。

（二）企业财务会计课程标准

1. 课程性质与任务

在现代企业的会计工作中，企业财务会计是重要分支，是按照会计准则和会计制度的要求，通过确认、计量、记录和定期编制财务报告等程序，对企业资金运动进行连续和系统的核算与监督工作，以向企业外部信息使用者提供反映企业的财务状况、经营成果等经济信息为主要目的而进行的一种经济管理活动。经济越发展，会计越重要。企业会计人员依据《中华人民共和国会计法》《会计基础工作规范》、企业会计准则等国家有关法律法规，运用相关的专业知识和业务技能进行业务核算和账务处理，最终将本企业的财务信息以会计报告的形式呈现出来，客观地反映本企业某一时间点或某一时期财务状况、经营成果、现金流转以及所有者权益变动情况，以满足投资者、债权人、银行、税务部门等会计信息使用者判断和决策的需要与评价企业管理层受托责任履行情况的需要。

2. 课程教学目标

（1）知识目标

①独立完成原始凭证的审核，对记账凭证等进行登记，具备从事企业经济业务核算、账务处理工作的相关能力。

②结合专业知识及其技能开展初步的职业判断，选择较为明确的会计政策。

③能够充分了解企业的存货采购以及商品销售等相关环节，完成一般经济业务核算。

④能独立完成资产负债表、利润表的编制和报送工作。

⑤能独立完成企业涉及财务成果形成及分配的经济业务核算。

⑥能够对会计资料进行熟练的整理和装订等。

（2）能力目标

①具有较强的语言表达、沟通和协调能力。

②能够对会计新知识以及技术等进行自主的归纳总结和学习。

③能够熟悉运用多种媒体资源对企业所需的新业务核算进行查找。

④能根据学习目标，独立制订、实施和评价项目工作计划。

（3）职业情感目标

①具有团队协作精神。

②具有良好的心理素质、诚信的品格和社会责任感。

③具有严格遵守《中华人民共和国会计法》等相关法律法规的工作态度。

④具有"诚信为本，操守为重，遵循准则，不做假账"的职业道德。

⑤具有踏实肯干的工作作风和主动、热情、耐心的服务意识。

3. 参考学时

108 学时。

4. 课程学分

6 学分。

5. 课程内容和要求

课程内容和要求如表 5-2 所示。

表 5-2 课程内容和要求

序号	教学模块	教学内容与要求	活动设计建议	参考学时
1	资产核算	1.掌握库存现金、银行存款、其他货币资金的管理制度、日常收付的账务处理以及库存现金清查和银行存款核对的方法 2.掌握应收账款、应收票据、预付账款、其他应收款的账务处理及坏账准备的账务处理 3.掌握原材料、库存商品等存货（按实际成本计价）的账务处理，熟悉存货清查的程序、方法，掌握存货业务单据获取及流程 4.熟练掌握固定资产取得、折旧、处置和清查的账务处理，能熟练运用折旧计提方法计提折旧 5.熟练掌握无形资产取得、摊销和处置的账务处理，能熟练计算无形资产的摊销额	1.绝大部分理论课都需要在多媒体教室开展的，案例分析以及实务操作则需分岗位，在实训室开展 2.采用讲授与案例分析等相关教学方式，运用小组讨论等相关形式，从而保证实务操作的独立完成 3.在本课程中，货币资金以及应收款项等相关内容都是重点，在进行讲授时需要抓住重点，不仅需要注重理论知识的学习，更要注重与实际工作紧密结合，确保学生能够透彻理解，并且在工作当中进行灵活的运用	44
2	负债核算	1.熟练掌握短期借款、应付票据、应付账款、预收账款、应付职工薪酬、应交税费、其他应付款的账务处理 2.熟练掌握长期借款的账务处理，了解应付利息的账务处理	1.案例分析可采用小组讨论的方式进行，实务操作要求分工合作，共同完成 2.短期借款、应付票据、应付账款、预收账款、应付职工薪酬、应交税费、长期借款核算为本课程的重点内容 3.模拟练习应交增值税多栏式明细账的设置和登记	18

序号	教学模块	教学内容与要求	活动设计建议	参考学时
3	所有者权益核算	1. 掌握所有者权益的内容和特点 2. 熟练掌握实收资本的取得及账务处理 3. 熟练掌握资本公积的形成及账务处理 4. 熟练掌握盈余公积的形成及账务处理	1. 理论课在多媒体教室进行，案例分析和实务操作课分岗位，在实训室进行 2. 采用讲授与案例分析、实务操作相结合的教学方式，案例分析可采用小组讨论的方式进行，实务操作要求分工合作，共同完成 3. 实收资本、盈余公积核算为本课程的重点内容，讲授过程应注重理论联系实际，要求学生理解透彻，灵活运用	10
4	收入核算	1. 了解收入的概念、分类，明白收入与利得的区别 2. 掌握主营业务收入、其他业务收入取得和销售折扣、折让、退回的账务处理 3. 掌握采用预收款方式销售商品、支付手续费方式委托代销商品、提供劳务收入的账务处理	1. 理论课在多媒体教室进行，案例分析和实务操作课分岗位，在实训室进行 2. 采用讲授与案例分析、实务操作相结合的教学方式，案例分析可采用小组讨论的方式进行，实务操作要求分工合作，共同完成 3. 主营业务收入的核算为本课程的重点内容，讲授过程应注重理论联系实际，要求学生理解透彻，灵活运用	10

续　表

序号	教学模块	教学内容与要求	活动设计建议	参考学时
5	成本费用核算	1. 了解费用的概念、分类，了解费用与损失的区别 2. 熟练掌握主营业务成本、其他业务成本、税金及附加、销售费用、管理费用、财务费用的账务处理	1. 采用讲授与案例分析、实务操作相结合的教学方式，案例分析可采用小组讨论的方式进行，实务操作要求独立完成 2. 这一模块中的主营业务成本核算为本课程的重点内容，讲授过程应注重理论联系实际，注意比较主营业务成本和其他业务成本的处理，加深学生对知识的理解	8
6	利润核算	掌握利润形成及分配的账务处理，能熟练计算利润、所得税费用、净利润	1. 理论课在多媒体教室进行，案例分析和实务操作课分岗位，在实训室进行 2. 采用讲授与案例分析、实务操作相结合的教学方式，案例分析可采用小组讨论的方式进行，实务操作要求分工合作，共同完成 3. 利润的核算为本课程的重点内容，讲授过程应注重理论联系实际，要求学生理解透彻，灵活运用	10
7	财务报表编制	1. 熟悉财务报表，按编报期间和按编报主体的不同的分类 2. 熟练掌握资产负债表和利润表的编制方法 3. 了解现金流量表中现金流量的分类	1. 理论课在多媒体教室进行，案例分析和实务操作课分岗位，在实训室进行 2. 采用讲授与案例分析、实务操作相结合的教学方式 3. 资产负债表和利润表的编制为本课程的重点内容，要求学生理解透彻，灵活运用	8

6.教学建议

（1）教学方法。本课程应采用理论实践一体化教学模式，将教学内容的组织与会计核算工作过程相结合，以工作任务为驱动，使学生掌握会计核算所需的知识、技能和素质。在课程实施过程中，应综合运用模块教学法以及直观教学法等诸多教学方法，注重每个学生个性的发展，注重对学生的分析能力和解决问题能力的培养，让学生在学习过程中形成更强的团队合作精神。

（2）评价方法。本课程评价方法应包括过程评价和结果评价两种，两者所占比重均为50%，主要评价学生对企业财务会计人员应掌握的理论知识的理解与应用、对会计及其相关岗位所需基本技能的掌握，以及学生日常学习态度、学习参与度等。

①过程评价是对学生日常学习的评价，将教师评价、学生自评、小组互评、企业评价、平台评价等进行有机融合，综合考核学生在课前、课中、课后各个学习环节学习目标的实现情况、学习态度、学习参与度等。

②结果评价考核学生的学习目标实现情况，主要以期中考试与期末考试形式来评价。

（3）教学条件。

①教师任职条件：具备本专业或相近专业本科及以上学历，具有扎实的企业财务会计理论知识和一定的会计实践能力，熟悉企业会计准则、经济法及其他与企业财务会计相关的法律法规，熟知企业财务会计工作的岗位分工与业务流程。

②实践教学条件：多媒体教学设备及实物展台、实训工具设备、实训资料、手工实训室、计算机机房、分岗位实训室等。

（4）教材选编。

①在开展教材编写工作时，需要以本课程的标准为依据，凸显理论实践一体化的课程设计思想。

②教材应以培养的学生能胜任会计基本岗位要求为出发点，以工作任务为驱动，把专业理论知识与专业技能结合起来，培养学生的专业基本能

力和关键能力，使学生掌握企业财务会计实务的相关知识，培养学生相关的技能和素质。

③教材应突出实用性，在编纂过程中也要突出前瞻性的特征，结合本专业领域的发展实际，积极吸收新知识以及新方法。

④在对教材文字进行表述时，要突出主题内容的呈现，要图文并茂，注重重点内容的凸显，确保学生在学习过程中拥有更强的主动性和积极性。

⑤教材中的活动设计需要具备可操作性的特征。

7. 数字化资源开发

电子课件等诸多资料属于数字化教学资源的范畴。利用数字化教学资源可以为学生演示现金管理、财务会计、车间生产、仓库管理等会计相关业务的操作过程，引导学生进行模拟训练，运用更加直观的方式使学生更加高效地学习会计业务。数字化教学资源的开发工作要采取如下方式：

（1）高度重视运用现代信息技术来对电子课件进行开发，注重新型课程资源的整合，构筑多位及动态的课程训练平台，让学生增强自主性，更加积极主动地参与课程学习。除此之外，也可以联合诸多学校，共同对数字化教学资源进行开发，并将开发出来的成果进行共享。

（2）高度重视会计专业仿真软件以及网络平台的开发利用工作，保障软件平台拥有模拟练习以及在线答疑等相关功能，确保学生通过网络学习平台可以充分掌握所学知识，确保学生的学习兴趣被充分激发，让学生能够更加自主地完成知识的学习和积累，确保学生能够在今后工作中更加高效地开展会计工作。

二、混合式教学实践项目相关教案

（一）导游基础知识课程——讲好古建故事，传承中华文脉教案

旅游服务与管理专业的一门专业基础课程"导游基础知识"是学生参加导游资格证考试、提高职业能力的核心课程。该课程通过介绍导游人员在讲解过程中涉及的各方面知识，使学生掌握必要的历史文化、自然景观等方面的知识，提高文化修养和综合素质，这对于后续导游实际工作的开

展、丰富讲解的内容都起到了积极作用，为弘扬中国五千年的文明与文化，满足游客的文化知识追求，扮演好文化传播者的角色奠定坚实的基础。

选取的案例为导游基础知识课程中项目三中国古代建筑中的中国古代宫廷建筑，本课程总时数为 108 节，开设在第二、三学期，周课时数 4 节，如表 5-3 所示。

课程理论性较强，旨在让学生掌握中国古建筑中宫殿建筑、陵墓建筑、坛庙建筑、民居建筑等的构成要素、讲解方法及文化内涵，掌握不同类型古建的特征及讲解技巧、方法，应对突发事件，为实地进行讲解奠定基础。除了实地参观学习，项目组还依托线上开放的资源平台进行课程设计，实现了"云游景点"。

表 5-3　项目三中国古代建筑课时分配

模　块	项　目	课时分配
中国古代建筑	中国古代宫殿建筑	4
	中国古代陵墓建筑	2
	中国古代坛庙建筑	4
	中国传统民居建筑	4
	古建实训——云游古建	4
合计		8

课程基本信息

授课项目	中国古代建筑	课程名称	导游基础知识
授课学时	16 学时	授课班级	2019 级旅游班
授课地点	智慧教室	授课形式	理实一体化
参考教材	国家"十二五"规划教材《导游基础知识》主编：沈民权		

教材处理	此次对"导游基础知识"课程进行二次整合、开发，内容涵盖《导游基础知识》（高等教育出版社）、《中国旅游文化》（旅游教育出版社）等书中的内容，并以全国导游资格证考试标准、全国旅游院校服务技能（导游服务）赛项规程、导游服务规范国家标准为参考 教学中贯彻落实《国家职业教育改革实施方案》的文件精神，以旅游市场需求为导向，以职业能力和职业素养培养为核心，以导游工作所需知识内容为主线，转变原本的以知识传授为主要特征的传统课程模式，以实际工作项目为中心来组织课程内容，让学生在具体的职业情境中把"知"和"做"结合起来，构建相关知识体系，提升职业能力
学情分析图	
学情分析	本课程的授课对象是中等职业学校旅游服务与管理专业一年级的学生。在学习本课程之前，学生已经通过"旅游概论""中国旅游地理"等前导课程，掌握了旅游基础知识和我国不同地区的旅游资源状况；喜欢新鲜事物，能够熟练地使用移动互联网；对导游职业充满向往，树立了获得导游资格证书的目标和信心 通过前导课程和前三个项目的学习，学生对各类古建筑有了初步认知，对学习古建筑的讲解充满期待，但是对于古建筑的布局、构造及形态特点等没有深入的理解和把握，对其文化内涵缺乏了解。在之前项目的学习讲解过程中存在抄稿、背稿现象，讲解缺乏个性化、缺乏文化内涵，缺乏灵活处理问题的能力

教学设计 流程图	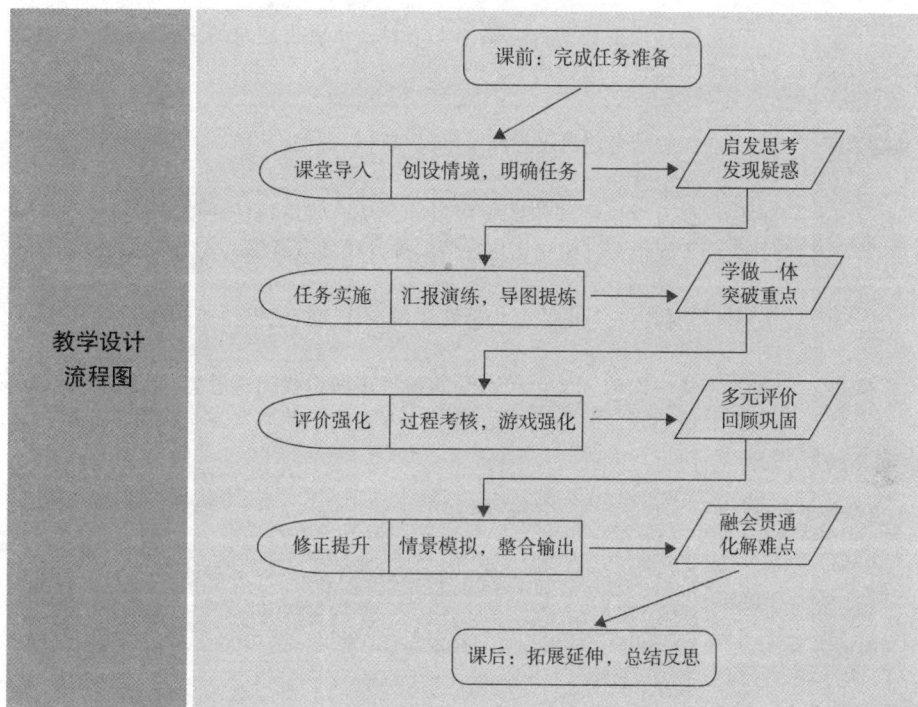

中国古代宫殿建筑

授课任务一

品识古代建筑——中国古代宫殿建筑（一）（2 学时）

（一）教学分析

内容分析	本次课是高等教育出版社《导游基础知识》项目三中国古代建筑中的任务，即品识古代建筑。本课是项目三的总起，借助宫殿建筑让学生掌握中国古代建筑构造，了解建筑思想和基本特点 在教学活动中，借助教学平台微课资源及 720 云 App 指导学生直观地学习古代建筑构造，从中国传统文化、制度体系角度，带领学生分析、理解古代建筑思想和基本特点，结合导游岗位职业能力要求，使学生掌握相关知识和能力，能结合建筑思想和基本特点讲解古建构造，提升学生传统文化素养

教学目标	知识 目标	能够借助典型古建筑相关资料，掌握古建筑的主要构造、了解古代建筑思想和基本特征
	能力 目标	能够结合建筑思想和基本特点讲解古建构造
	素质 目标	提升学生中国传统文化素养，从古建筑精巧的设计和构思中体悟工匠精神，树立文化自信，提升民族自豪感
重难点	重点	掌握古建筑的主要构造，了解古代建筑思想和基本特征
	难点	从中国传统文化和制度的角度理解古代建筑思想和基本特点的形成原因，并能灵活运用；掌握古代建筑游览方法，结合典型古建筑进行讲解

（二）教学过程

内容		活动		
		教师	学生	
课前	预习、 反馈	1.教师登录教学平台发布任务 （1）观看《墙倒屋不塌的中国古代建筑》小视频，在话题讨论区讨论古建结构特点 （2）观看《太和殿走兽》动画，完成课前小测验 （3）根据学生观看进度数据及小测验成绩，对备课内容进行调整 2.跟踪学生学习情况，发现问题，及时利用教学平台、微信、QQ、钉钉等工具实现师生之间的实时交流互动	1.登录教学平台，接收并完成教师布置的任务 （1）观看小视频，思考问题并参与话题讨论区讨论 （2）观看《太和殿走兽》动画，完成课前小测验，针对存在的问题在平台给老师留言 （3）观看老师推送的古建筑发展沿革类文章，初步了解中国古代建筑 2.利用教学平台、微信、QQ、钉钉等工具实现与老师的实时交流互动	
		平台考勤	发起签到	签到考勤

课前	设计意图 1. 通过视频、动画，引发学生学习兴趣 2. 通过学生观看数据及完成小测验情况，灵活调整备课内容及教学方向 3. 在教学平台开展古代建筑结构话题讨论，引导学生思考古代建筑的特点，了解学生学习状态 4. 利用通信工具实现师生之间的实时交流互动，可以及时解决学生在课前准备中遇到的问题，有助于学生有效完成课前任务

环节一：导入（3分钟）

课中	总结课前学习情况；情境导入，引出问题	1. 根据教学平台学生参与数据，总结学生课前学习情况 2. 播放小视频《中西方古代建筑》，导入本次课程的内容 3. 提出问题，与西方古建筑对比，思考中国古代建筑的基本特征及影响因素 4. 提出古建研学团导览、讲解任务	1. 对比其他组的同学课前资料准备情况，了解自己的学习情况 2. 观看小视频 3. 根据视频内容，思考中国古代建筑的基本特征及影响因素 4. 以任务为主线，开始览古建、识构造

设计意图
1. 对于课前作业情况进行总结，使学生可以相互对比借鉴
2. 小视频导入，引发学生思考，引入本课授课的几个方面，引起学生学习兴趣
3. 以任务为主线，引导学生循序渐进地解决问题，完成任务相当于达成学习目标

环节二：识构造（30分钟）

	聚焦中国古建筑，引导学生思考中国古代建筑印象元素	1. 播放《故宫太和殿》视频引入构造讲解 2. 以搭建的思路，按从下往上的顺序讲解古建台基、屋身、屋顶、脊兽	1. 观看视频，思考太和殿作为中国古建筑代表性建筑的特点 2. 跟随老师的引导，按其构造从下往上在脑海中搭建古建

	古建构造讲解思路，以脊兽讲解为例	1. 故宫《骑凤仙人》视频导入有趣传说 2. 识"岗位"：通过屋顶脊兽位置辨识类型，学生互动问答 认"队员"：使用微课视频讲解、带领学生找不同、平台小测验、巧记顺口溜等方法，层层递进，帮助学生记忆掌握 辨等级：通过故宫宫殿的布局图，用走兽标识法区分等级，找不同、学生问答、教师讲解 话职责：问答总结走兽作用，工匠精神讲解 做演练：小组讨论，讲解走兽和其他脊兽，后上台展示，锻炼职业能力，提升职业素养 点技巧：教师根据学生讲解情况，带领学生总结讲解技巧	观看微课，进行思考，回答问题 1. 结合任务之初研学团故宫研学讲解，换位思考研学团的关注点，树立以服务对象的需求为理念 2. 跟着老师的思路，层层递进，学习脊兽相关知识，找走兽的不同，区分等级，做小测验，检验学习成果，通过顺口溜巧记走兽 3. 小组讨论，如何讲解 4. 总结讲解方法，记入学习反思

课中

设计意图
以研学团故宫之旅的任务，调动学生一步步搭建古建筑的积极性，使学生能根据不同构造特点进行讲解，让学生做到"做中学""学中做"，并通过完成任务，达到本次课的知识目标和能力目标

环节三：辨构造（30分钟）

	教师通过思维导图提炼古建构造、特点、作用，带领学生逐一学习	1. 以搭建的思路，按从外到内的顺序讲解古建斗拱、雀替、藻井、彩画 2. 利用思维导图，总结我国古代建筑构造特点	1. 认真思考，积极互动，完成小测验 2. 登录教学平台互评

环节四：品思想（10分钟）

	我国古代建筑思想；解读典型古建筑的文化内涵	1. 利用三类古建筑图引导学生从古建筑的布局、空间、结构、建筑材料等方面总结古建思想 2. 从制度、文化的角度分析中国古代建筑思想	1. 跟随教师的课件，学习总结古建筑思想 2. 通过典型建筑理解古建思想

课中	设计意图 1.用课件、视频增强教学内容的直观性和趣味性，便于学生理解掌握 2.学生在教师引导下思考、互动，进行古建筑思想的整理和提炼，使学生具备对所学知识归纳汇总的能力 3.融入思政教育，引导学生了解中国传统文化，感受旅游景观中所蕴含的深厚的文化底蕴，激发学生的民族自豪感		
	环节五：找特点（10分钟）		
	古建布局、材料、结构特点	1.对比图片找特点 2.结合文化析原因 3.结合典型明特点 	1.对比图片，积极思考，互动交流，回答老师的问题 2.从建筑特点回顾构造原理 3.登录教学平台进行小测验及小组互评
	设计意图 1.对比思考、提炼总结古建筑特点 2.引导学生对传统文化进行思考		
	环节六：会导览（7分钟）		
	开展古建筑游览路线讨论，归纳古建筑导览方法	1.分小组讨论如何引领研学团进行古建筑导览 2.各小组发表观点，从做什么准备、路线设计、看什么、怎么看等方面进行答辩 3.对学生的资料收集情况和答辩情况进行评价	1.参与讨论思考，关注服务对象的需求 2.从汇报中提炼导览古建筑的要素和方法 3.登录教学平台进行小组互评
	设计意图 1.沿着任务的主线，在对古建筑构造、思想和特点有了基本了解后，引导学生思考如何带领研学团游览 2.了解导游的职责和古建筑导览的方法，从导游岗位职责的角度分析该如何带研学团游览		

课后	课后拓展作业；教学、学习反思	1. 完成古建筑构造闯关测试，可以小组之间对抗练习 2. 小组合作，画出研学团古建之旅的路线，并思考注意环节 3. 为学生推荐相关书籍和网站 4. 完成教学反思	1. 用思维导图复习本课知识点，完成古建筑构造小测验 2. 小组讨论，规划路线 3. 在教学平台上完成学习反思 4. 阅读教师推荐的书籍，浏览教师推荐的网站，增加知识储备

设计意图
1. 课后拓展作业利用学生感兴趣的闯关测验、线路规划等方式，引导学生复习巩固知识点
2. 通过教学、学习反思，发现不足，记录困惑，确定改进方向
3. 通过推荐《中国古建十二讲》、玩转故宫小程序，引导学生，使学生养成良好的阅读习惯，增强学生从事导游工作的职业素养和知识储备

（三）教学资源

教学平台、720 云 App、古建中国、Xmind、动画微课视频、网络资料、公共开放的资源平台、玩转故宫小程序；微信、QQ、钉钉等通信工具

（四）总结反思

1. 通过教学平台的使用，加强了对学生课前、课中和课后学习的监督与管理，引导和督促学生自主完成学习任务
2. 在教学过程中，借助太和殿讲解古建筑构造，用思维导图的方式提炼我国古代建筑构造，并引导学生自行利用思维导图进行知识点的归纳总结，运用闯关游戏，激发学生学习兴趣，运用小组对抗赛的形式提升学生参与的积极性，有效解决学生理论知识掌握难的问题
3. 对于学生的评价主要通过教师点评、学生互评和教学平台投票等形式完成，难以使用更具客观性的评价标准

（五）特色创新

1. 利用思维导图进行知识点的提炼，有助于学生对教学重难点的记忆和掌握
2. 以古建筑研学团的任务为主线，在完成任务的过程中掌握知识点，通过 720 云 App 等软件直观展示建筑构造，通过小组讨论讲解及古建导览的方法，引导学生立足职业岗位要求思考问题，模拟演练，突破教学难点
3. 为学生推荐书籍和学习软件，有助于学生进行有效阅读，增加学生的知识储备，提升学生的职业素养

授课任务二

遍赏宫殿建筑——中国古代宫殿建筑（二）（2学时）

（一）教学分析

内容分析	本课是高等教育出版社《导游基础知识》项目三中国古代建筑中的遍赏宫殿建筑，本课是与任务三至任务五坛庙、陵墓、民居建筑平行的课程，知识目标是掌握宫殿建筑的布局、历史沿革、内外陈设以及有代表性的宫殿建筑等在教学活动中，借助教学平台微课资源发布微课，玩转故宫、紫禁城600等软件，引导学生探寻宫殿建筑群，沿着文化的脉络，梳理宫殿建筑的前世今生，带领学生分析、掌握宫殿建筑布局、内外陈设特点，借助具有代表性的宫殿建筑进行讲解练习。立足导游岗位职业能力要求，结合建筑思想和基本特点讲解宫殿建筑，规划宫殿建筑导览路线。结合历史和人物进行宫殿建筑相关知识的拓展阅读，提升学生文化素养	
教学目标	知识目标	掌握宫殿建筑的布局、历史沿革、内外陈设
	能力目标	能够对有代表性的宫殿建筑进行导游讲解
	素质目标	从宫殿精巧的设计和构思中体悟工匠精神，品读历史，提升学生文化素养
重难点	重点	掌握关于建筑的布局、历史沿革及有代表性的宫殿建筑等方面的知识
	难点	掌握宫殿建筑导览路线和方法，讲解有代表性的宫殿建筑及建筑群

（二）教学过程

	内容	活动	
		教师	学生
课前	预习、反馈	1. 教师登录教学平台发布任务 （1）承接上节课后，将小组讨论确定的研学团的游览路线及注意事项发至教学平台 （2）观看《中国古代建筑类型》微课视频，并按照类型各找出两处具有代表性的建筑 2. 跟踪学生学习情况，发现问题及时利用教学平台、微信、QQ、钉钉等工具实现师生之间的实时交流互动	1. 登录教学平台，接收并完成教师布置的任务 （1）小组讨论，上传游览线路及注意事项 （2）观看《中国古代建筑类型》微课视频，并按照类型各找出两处具有代表性的建筑，作为作业，发至教学平台 2. 利用教学平台、微信、QQ、钉钉等工具实现与老师之间的实时交流互动
	平台考勤	发起签到	签到考勤
	设计意图 1. 通过微课视频和针对视频内容的问题探究，引发学生对于本次课程内容的兴趣 2. 根据学生观看数据、完成小测验情况及游览线路设计情况，灵活调整备课内容及教学方向 3. 利用通信工具实现师生之间的实时交流互动，及时解决学生在课前准备中遇到的问题，帮助学生有效完成课前任务		
课中	环节一：导入（5分钟）		
	总结课前学习情况 情境导入，引出问题	1. 根据教学平台学生参与数据，总结学生课前学习情况 2. 播放微课视频"中国宫殿历史年表"，导入本次课程内容 3. 提出问题，对比宫殿建筑的前世今生，思考中国宫殿建筑演变过程	1. 对比其他组的同学课前资料准备情况，了解自己的学习情况 2. 观看微课视频 3. 根据视频内容，思考宫殿建筑的形制演变过程以及其影响因素 4. 继续完成故宫研学团的导览任务

	设计意图 1. 对于课前作业情况进行总结，使学生可以相互对比借鉴 2. 微课视频导入，引发学生思考，引入本课授课的知识点，引发学生探索的好奇心 3. 以任务为主线，引导学生层层解决问题，完成任务相当于达成学习目标		
课前	环节二：前世今生（15分钟）		
	结合历史脉络，梳理宫殿建筑的发展历程，引导学生思考宫殿演变与政治、经济、文化的关系，教师通过思维导图提炼宫殿沿革的知识要点，带领学生逐一学习	1. 故宫概况 2. 利用思维导图，以文化的脉络理出宫殿形制的演变 3. 借助动画、App、微信小程序、教学平台等手段，边学边练，边考边学，加深学生记忆	1. 观看视频，思考宫殿建筑演变的影响因素 2. 跟随老师的引导，逐一在脑海中搭建宫殿建筑群 3. 认真思考，积极互动，完成小测验 4. 登录教学平台互评
课中	设计意图 1. 以研学团故宫之旅的任务，调动学生一步步探究故宫宫殿建筑群的积极性，能了解宫殿建筑形制的演变，从历史、经济、文化的角度分析宫殿建筑的沿革，让学生通过完成任务，达到本次课的知识目标和能力目标 2. 利用动画、视频、图片、App 等增强学生对宫殿建筑群的感性认识；利用思维导图提炼宫殿形制演变的知识要点，帮助学生形成知识体系		
	环节三：布局特点（15分钟）		
	我国古代建筑思想 解读典型古建筑的文化内涵	1. 对比古建筑的布局，讲解宫殿建筑作为最豪华、最高级的古建筑的布局特点 2. 从封建礼制的特点分析宫殿建筑布局的文化内涵	1. 对比图片思考宫殿建筑的布局特点 2. 了解封建礼制的特点，从宫殿建筑的细节感受文化对建筑布局的影响

课中	设计意图 1.采用动画、视频的方式，让宫殿布局得以动态展示，增强学生学习的直观性和趣味性，便于学生理解掌握 2.学生在教师引导下思考、互动，让学生搜集照片，按照布局特点，使学生具备对所学知识的归纳能力 3.融入思政教育，引导学生了解中国传统文化，感受旅游景观所蕴含的深厚的文化底蕴，激发学生的民族自豪感		
	环节四：内外陈设（10分钟）		
	体现皇家尊严和气派的各种陈设	以视频展示的形式，对视频中逐一展示的陈设进行讲解	1.倾听教师讲解，思考陈设的作用 2.学习老师的讲解思路和方法
	设计意图 1.对比思考、提炼总结宫殿建筑的各种陈设 2.引导学生对传统文化进行思考		
	环节五：讲解练习（40分钟）		
	沿着研学团的导览路线，进行导览路线讲解	各小组发表观点，从做什么准备、路线怎么设计、看什么、怎么看等方面汇报设计思路	参与讨论思考，关注服务对象的需求
	故宫宫殿建筑讲解展示	1.分小组发表如何引领研学团进行宫殿建筑讲解，编写导游词 2.借鉴"上新了故宫"节目形式，每小组准备4个宫殿建筑进行讲解展示，要求讲出特色，能满足研学团的需求	1.修改导游词，各小组轮流进行导游展示 2.登录教学平台进行小组互评，评选出出最佳导游小组
	设计意图 1.在学生对古建筑有了基本了解后，引导学生沿着规划的路线修改导游词 2.分小组进行研学团宫殿建筑讲解展示，教师总结，引出宫殿建筑导游技巧		
	环节六：点评讲解（5分钟）		
	点评	1.小组之间互评 2.教师点评 3.优秀导游员点评	思考记录存在的问题及改进的方法，进行导游词完善

课中	设计意图 1.结合导游讲解职业标准，对学生进行逐条点评，让学生讲解时心中有标准，规范岗位能力 2.从文化内涵和弘扬中华文化的角度，提升学生知识积累和运用的水平，使学生成为文化的传播者		
课后	课后拓展作业；教学、学习反思	1.故宫旅游文创产品微课视频 2.针对旅游从业人员如何让古建筑焕发新时代活力进行话题讨论 3.为学生推荐相关书籍和网站 4.完成教学反思	1.观看故宫文创微课视频 2.思考如何让古建筑焕发新时代活力，成为旅游业持续的增长点 3.阅读教师推荐的书籍，浏览教师推荐的网站，增加知识储备 4.完成学习反思
	设计意图 1.课后拓展作业利用话题讨论对课程内容进行深度思考 2.结合文化自信和工匠精神的传承和发扬，思考作为导游员应如何讲解古建筑，弘扬中华传统文化 3.推荐紫禁城 600、玩转故宫小程序，引导学生阅读方向，使学生养成良好的阅读习惯，提升学生从事导游工作的职业素养，增加知识储备		

（三）教学资源

教学平台、720 云 App、古建中国、Xmind、动画微课视频、网络资料、公共开放的资源平台、玩转故宫小程序、紫禁城 600App；微信、QQ、钉钉等通信工具

（四）总结反思

1.通过教学平台的使用，加强了对学生课前、课中和课后学习的监督与管理，引导和督促学生自主完成学习任务
2.在教学过程中，借助思维导图提炼宫殿建筑的历史沿革和知识要点，并引导学生自行利用思维导图进行知识点的归纳总结；运用闯关游戏激发学生学习兴趣，运用小组对抗赛的形式提升学生参与的积极性
3.对于学生的评价主要通过教师点评、学生互评、企业专家点评和教学平台投票、现场点评等形式完成，虽有评价标准，但相对来说较主观

（五）特色创新
（1）利用思维导图进行知识点的提炼，有助于学生对教学重难点的记忆学习 （2）以古建筑研学团的任务为主线，逐层递进，完成任务。在完成任务过程中使学生掌握知识点，使学生在做中学、学中做，增强了学生运用知识的能力，通过720云App等软件，直观感受宫殿建筑的外观陈设，增强理解，解决了知识学习重点。小组讨论讲解宫殿建筑导览方法，引导学生立足职业岗位要求思考问题，模拟讲解，突破了教学难点 （3）为学生推荐书籍和学习软件，有助于学生进行有效的阅读，增加知识储备，提升职业素养，有利于引导学生传承文化、传播文化，提升文化自信

（二）企业财务会计课程——企业存货的核算与管理项目教案

企业财务会计是会计专业的一门专业核心课程，企业存货的核算与管理是企业财务会计的重要组成部分，教学设计中落实立德树人根本任务，根据专业培养目标，结合企业会计岗位的工作实际，在财务云智能技术应用大背景下，要求学生在了解企业存货管理的基础上，掌握存货核算内容、核算程序和账务处理方法，能够依据财经法规和制度的要求，利用大数据技术进行简单的财务分析和应用，从而提高会计判断能力和沟通协调能力，并为后续学习专业课程做好准备。整个教学设计基于工作岗位需要和职业标准，将企业业务与财务进行深度融合，通过产教融合、校企合作，培养学生的创新思维和精益求精的工匠精神，促进学生"诚信为本、操守为重、遵循准则、不做假账"的专业品格的养成，培养适应现代智能型财务工作需要的技术技能型人才。

1.课程结构

根据国家会计专业教学标准，依据专业人才培养方案和企业会计岗位需求，并结合财务共享服务职业技能等级标准，基于真实的工作情境，以企业存货收发过程为主线，以为企业服务为宗旨，结合智能财务发展要求和企业会计岗位特点，充分利用数字化教学资源和共享课程资源，整合教学资源，设计教学内容，将本课程内容按照会计六要素分为六个模块，"企业存货的核算与管理"是模块一中的内容，如图5-1所示。

| 中等职业学校会计专业教学标准 | 会计专业人才培养方案 | 职业技能等级标准、岗位需求 | 标准 |

企业财务会计　课程

资产负债表（4课时）　利润表（4课时）　模块

模块一
资产
（44课时）　模块二
负债
（18课时）　模块三
所有者权益
（10课时）　模块四
收入
（10课时）　模块五
费用
（8课时）　模块六
利润
（10课时）　项目

货币资金

应收及预付款项的核算与管理

固定资产

无形资讯和长期待摊费用

企业存货的核算与管理

短期及长期借款

应付及预收款项

应交税费

应付职工薪酬

实收资本

资本公积

盈余公积

销售商品收入

提供劳务收入

营业成本

税金及附加

期间费用

所得税费用

营业外收支

本年利润

静态会计要素　⟶　动态会计要素

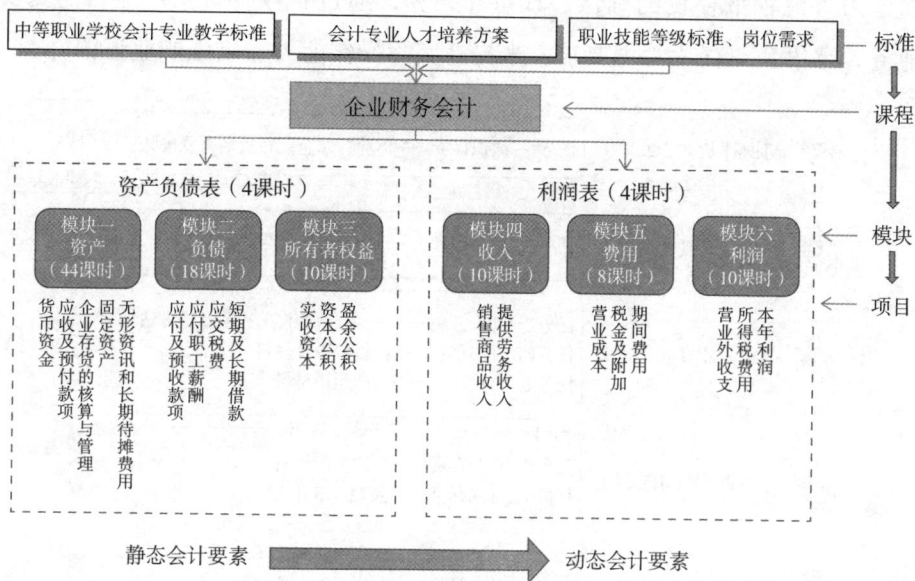

5-1　企业财务会计课程结构

2. 内容分析

存货是企业生产和销售之间的连接纽带，是企业生产经营过程不至中断、顺利进行的必要条件。存货既是资产负债表中流动资产的一个重要项目，也是利润表中确定销售成本必须考虑的重要因素，管理工作会对企业的资金占用水平等产生深远影响，也会影响企业利润，是企业管理中不可忽视的工作。正确计算和确定企业期末存货的价值，对企业财务状况、经营成果有重大影响，准确的存货核算数据是会计信息使用者进行判断和决策的重要依据。企业存货品种繁多，收发频繁，其中原材料、库存商品在其中占的比重最大，占用资金数额最大，因此以原材料和库存商品为代表，以存货收发业务为主线，来学习企业存货业务的核算与管理。

根据教学任务和岗位需求，按照初识、学习、应用的认识发展规律，采用理论实践一体化的教学模式，做中学、学中做，在实际成本法下，从存货管理角度出发，追根溯源。不同类型存货，有其共性和特性，以销定产，将存货内容按照存货结存—存货发出—存货取得的流程进行重组，依次学习各流程下存货的确认、计量和核算，通过企业存货生产经营的真实业务，感悟企业存货管理要求，来提高实际操作能力、增强职业道德。

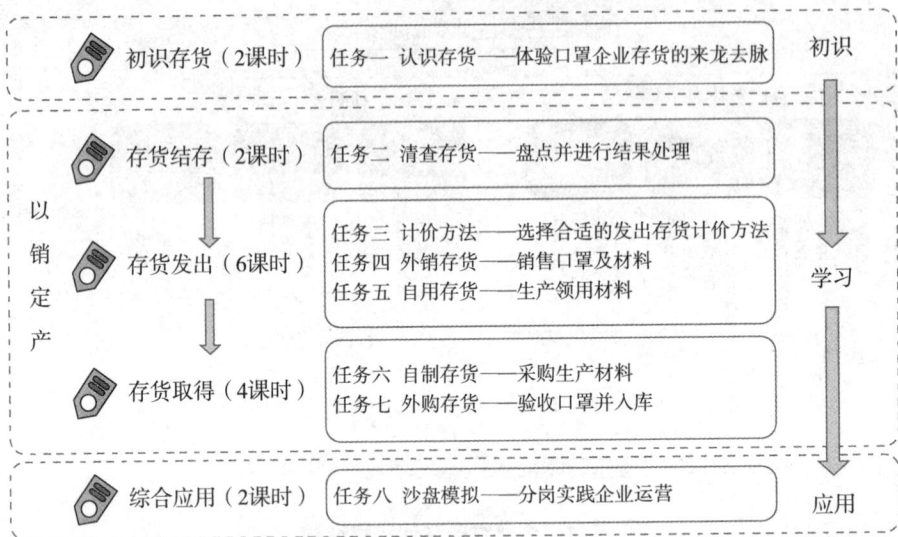

图 5-2　企业存货的核算与管理项目结构

3. 学情分析

本课程的授课对象为会计专业二年级的学生，学生已经学习了基础会计中会计核算基础知识，85% 的学生会分析常见的原始凭证，能够应用复式记账的基本原理分析企业主要经济业务并进行会计核算；能够利用现代信息技术查找所需资料，完成任务。但受工作经验和社会阅历限制，学生不了解企业生产经营实际，缺少职业认同感，需通过实训和深入企业实践来提高会计业务处理能力，实现业务与财务的融合。

大多数学生喜创新，喜合作，喜展示，喜欢自我尝试和实际操作，有一定的自主学习能力。但很多学生怵枯燥，怵理论，怵记忆，不够严谨细致，不善于归纳总结，注意力集中时间有限（不足 20 分钟），需通过引导来激发学习兴趣，培养严谨细致的工作态度，树立诚实守信、遵规守纪的观念，增强其社会责任感。

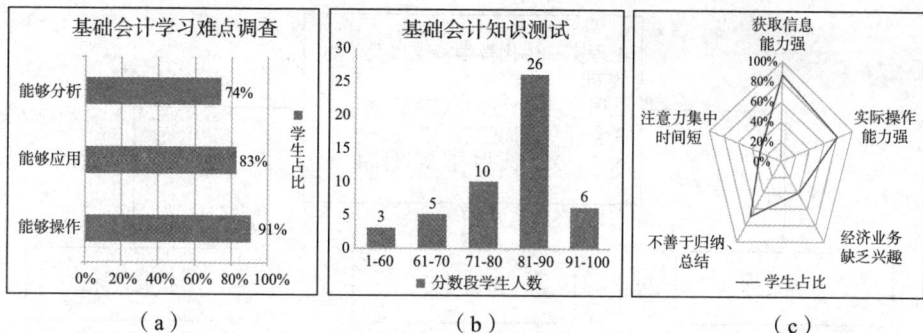

图 5-3　学情分析

4. 教学目标与教学重难点

基于理实一体化教学特点以及学生基础，结合现阶段的国家教学标准以及课程标准，并充分参考现阶段会计岗位和"1+X"职业技能等级标准的要求，提炼学习任务，制定教学目标：创设真实工作情景，让学生了解企业存货业务管理的实际，了解存货业务核算的流程，掌握不同存货确认、计量与核算方法，利用大数据技术进行简单的存货业务分析、存货管理与应用，进行初步的会计职业判断和会计政策选择，培养服务企业发展的责任意识、遵纪守法的工作作风、严谨务实的工作态度、诚实守信的职业道德。

以教学目标为根本依据，结合学生实际情况进行教学，以掌握不同类型存货取得、发出、结存的会计核算为教学重点，以存货管理工作流程及各岗位的职能为教学难点。

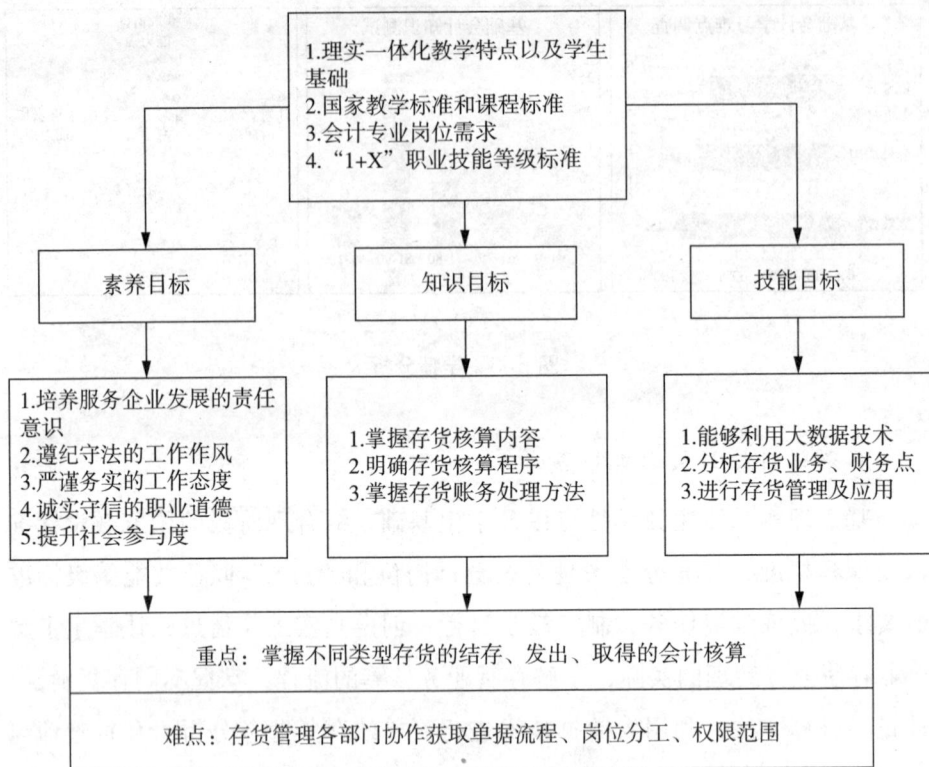

图5-4　教学目标与教学重难点关系

5.教学策略

通过对教学内容的重构和教学方法的改进，紧跟行业发展趋势，依托职业情境案例，以行动为导向，以岗位任务为载体，以存货收发业务流程为主线，从企业会计岗位核心技能出发，围绕会计专业核心素养培育目标组织教学活动，按"感知学习、深入学习、应用提升"三阶段设计教学流程。以学生为中心进行教学设计，按照任务准备—任务学习—任务提升的流程进行任务教学，其中任务学习过程采取双主线的思路进行设计，一条为业务流程线，一条为会计核算线，以"体、析、知、行、评"的教学思路开展探究式教学，如图5-5所示。

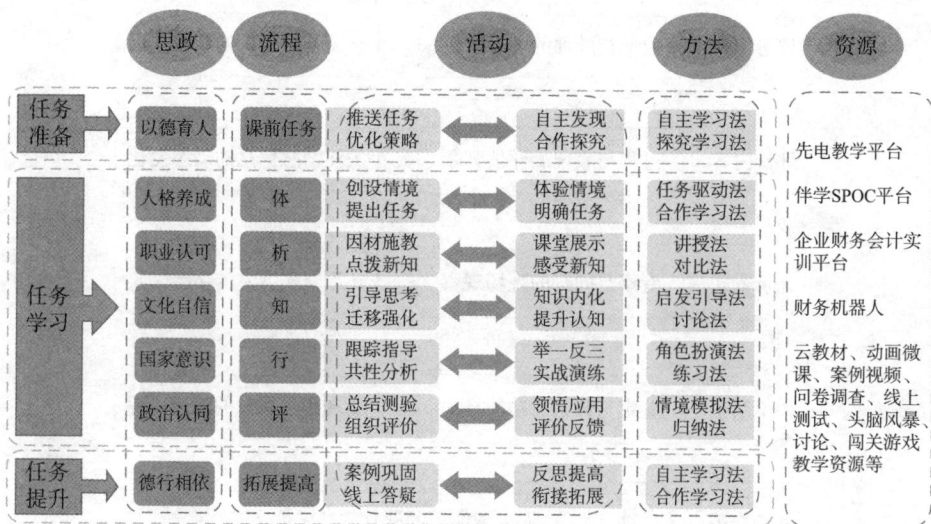

	思政	流程	活动		方法	资源
任务准备	以德育人	课前任务	推送任务 优化策略 ⇄	自主发现 合作探究	自主学习法 探究学习法	先电教学平台
任务学习	人格养成	体	创设情境 提出任务 ⇄	体验情境 明确任务	任务驱动法 合作学习法	伴学SPOC平台
	职业认可	析	因材施教 点拨新知 ⇄	课堂展示 感受新知	讲授法 对比法	企业财务会计实训平台
	文化自信	知	引导思考 迁移强化 ⇄	知识内化 提升认知	启发引导法 讨论法	财务机器人
	国家意识	行	跟踪指导 共性分析 ⇄	举一反三 实战演练	角色扮演法 练习法	云教材、动画微课、案例视频、问卷调查、线上测试、头脑风暴、讨论、闯关游戏教学资源等
	政治认同	评	总结测验 组织评价 ⇄	领悟应用 评价反馈	情境模拟法 归纳法	
任务提升	德行相依	拓展提高	案例巩固 线上答疑 ⇄	反思提高 衔接拓展	自主学习法 合作学习法	

图 5-5　设计思路

6. 教学评价

建立以形成性评价为主，兼顾结果性评价的多元、动态、全方位的智能评价体系。学生考核多元化、过程化，过程考核实时化、可视化。结合学习行为以及成果等诸多方面，对学生的线上线下以及课内外的学习成效等进行评价，构筑多元化评价体系，如图 5-6 所示。通过智能化教学管理平台和大数据等现代信息技术实现教学数据采集源头化，保证考核评价环节的客观性、可靠性和全面性。

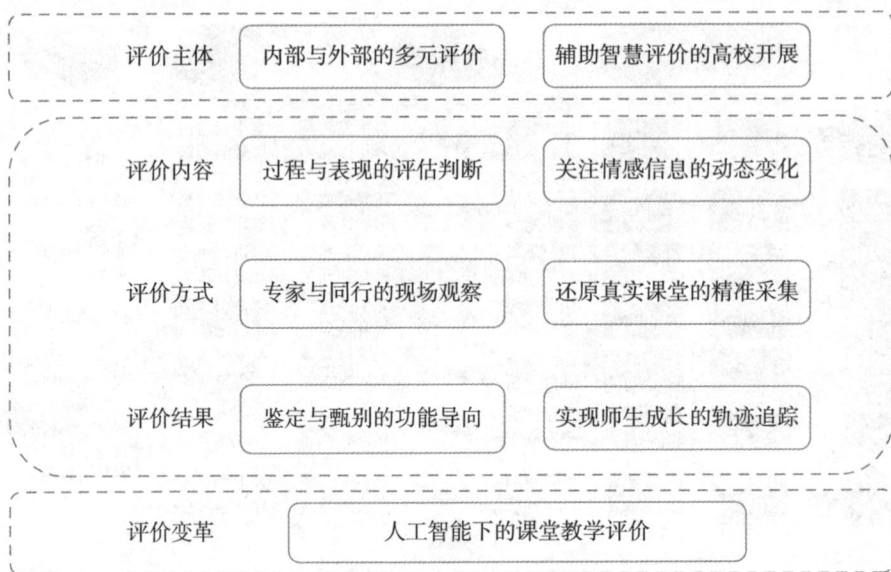

评价主体	内部与外部的多元评价	辅助智慧评价的高校开展
评价内容	过程与表现的评估判断	关注情感信息的动态变化
评价方式	专家与同行的现场观察	还原真实课堂的精准采集
评价结果	鉴定与甄别的功能导向	实现师生成长的轨迹追踪
评价变革	人工智能下的课堂教学评价	

图 5-6　教学评级体系

授课任务一：认识存货——体验口罩企业存货的来龙去脉					
授课内容	认识存货——体验口罩企业存货的来龙去脉				
授课班级	2019 级会计一班	授课时间	2020 年 10 月 12 日	课时安排	2 课时
所选教材	《企业财务会计（第五版）》 杨蕊、梁健秋主编，高等教育出版社				
参考标准	职业学校会计专业教学标准 职业学校会计专业人才培养方案 职业学校企业财务会计课程标准				

（一）内容分析

学习内容：

项目三：企业存货的核算与管理

任务一：认识存货——体验口罩企业存货的来龙去脉

学习概要：

（1）业务点

存货在企业的流转过程及涉及的岗位

（2）财务点

存货核算的重要性及存货的内容和分类

内容意义：

存货是企业在正常生产经营过程中为销售或者耗费而储备的各种物资。由于存货经常处于不断销售、重置和耗用过程中，因此具有明显的流动性，它是反映企业流动资金运作情况的晴雨表，是企业生产销售活动正常开展的重要保障。持有一定数量的存货，不仅有利于保障企业生产经营的顺利进行，而且可以使企业的生产与销售具有较大的机动性，适应市场不规律的突然变化，以免失去商机

本章的学习内容为企业存货，对各类企业存货进行核算，解决实际问题。本节通过直播连线企业，使学生近距离感受企业生产经营过程，体会企业存货管理的重要性，从存货的流转过程出发，明确存货的内容，并对各类存货进行分类，为后面具体存货内容的学习奠定基础

（二）学情分析

本项目的学习对象是 2019 级会计一班的学生，处于二年级上学期，全班共有 30 人。根据组内异质、组间同质原则进行分组，将全班分成 6 组，每组 5 人。组内学生进行分岗协作，互帮互助，互相学习，综合职业能力均有所提高

素养基础	知识基础	技能基础
1.初步具备了团队合作解决问题的意识 2.具有一定的规则意识	1.知道原材料、库存商品的含义 2.掌握企业资金运动的过程	1.能够辨识企业业务类型 2.能够进行采购、生产、销售过程简单经济业务的核算

不足：根据历届学生学习情况分析，学生不了解企业生产经营实际，缺乏对存货的直观认识；习惯于直观性较强的学习方式，对抽象理论的理解力较弱。这也是本节课着力解决的问题

续　表

（三）目标分析

基于理实一体化教学特点以及学生基础，依据国家教学标准和课程标准，结合会计专业岗位需求，融入"1+X"职业技能等级标准，确立以下三维目标：

素养目标	知识目标	技能目标
1.增强爱国主义情怀 2.养成勤俭节约、不浪费的好习惯 3.提高团队协作意识	1.明确存货对于企业的重要作用，知道存货管理工作过程与岗位的对接 2.掌握存货的内容及其区别	1.能够对企业存货进行正确分类 2.能够明确存货在企业的流转过程

（四）重点和难点

教学重点：存货的内容及其分类
教学难点：存货在企业的流转过程

（五）教学流程图

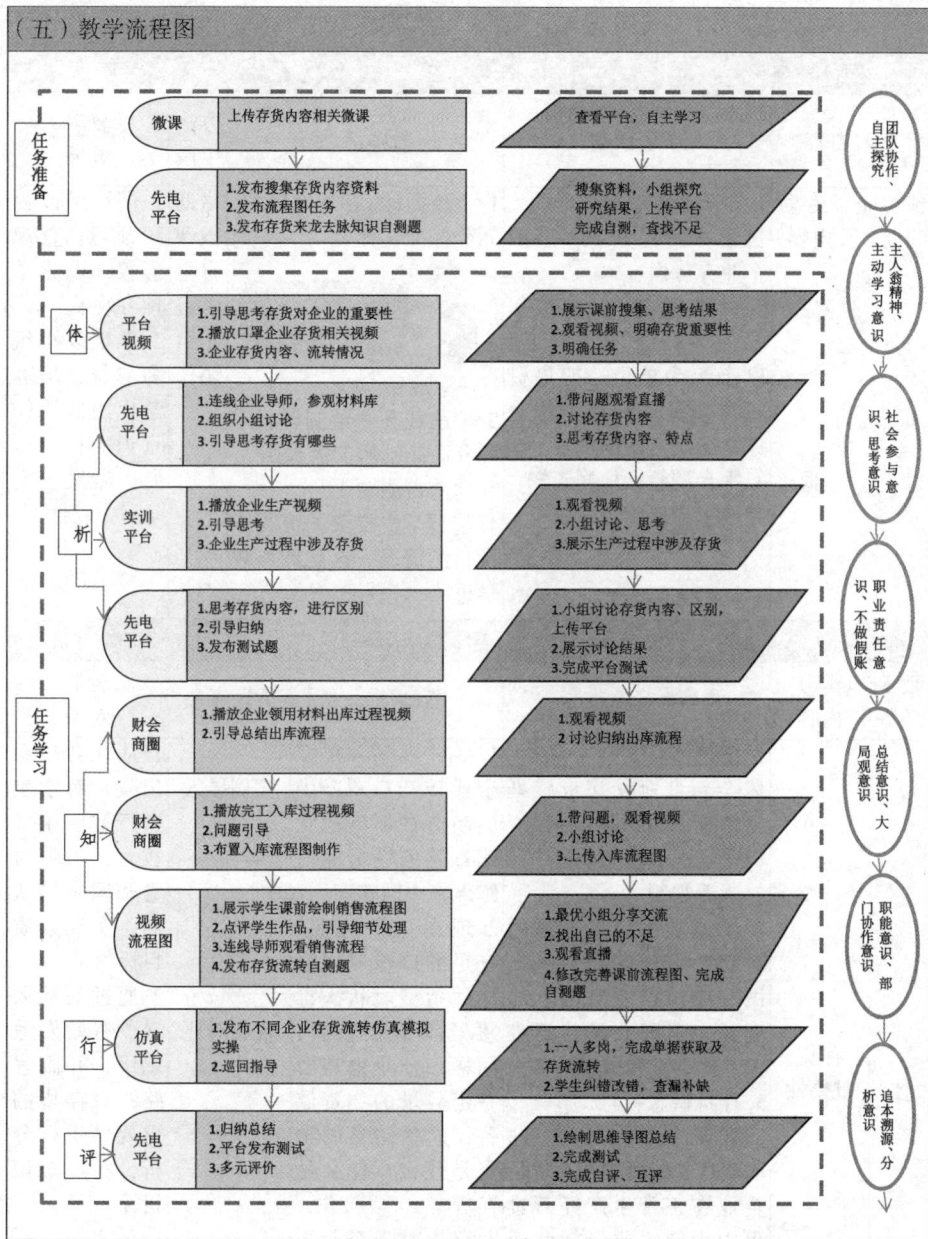

阶段	环节	平台/环节	教师活动	学生活动	意识
任务准备		微课	上传存货内容相关微课	查看平台，自主学习	团队协作、自主探究、
		先电平台	1.发布搜集存货内容资料 2.发布流程图任务 3.发布存货来龙去脉知识自测题	搜集资料，小组探究 研究结果，上传平台 完成自测，查找不足	主人翁精神、主动学习意识、
任务学习	体	平台视频	1.引导思考存货对企业的重要性 2.播放口罩企业存货相关视频 3.企业存货内容、流转情况	1.展示课前搜集、思考结果 2.观看视频、明确存货重要性 3.明确任务	社会参与意识、思考意识、职业责任意识、不做假账意识、
	析	先电平台	1.连线企业导师，参观材料库 2.组织小组讨论 3.引导思考存货有哪些	1.带问题观看直播 2.讨论存货内容 3.思考存货内容、特点	
		实训平台	1.播放企业生产视频 2.引导思考 3.企业生产过程中涉及存货	1.观看视频 2.小组讨论、思考 3.展示生产过程中涉及存货	
		先电平台	1.思考存货内容，进行区别 2.引导归纳 3.发布测试题	1.小组讨论存货内容、区别，上传平台 2.展示讨论结果 3.完成平台测试	
	知	财会商圈	1.播放企业领用材料出库过程视频 2.引导总结出库流程	1.观看视频 2.讨论归纳出库流程	总结意识、大局观意识、
		财会商圈	1.播放完工入库过程视频 2.问题引导 3.布置入库流程图制作	1.带问题，观看视频 2.小组讨论 3.上传入库流程图	
		视频流程图	1.展示学生课前绘制销售流程图 2.点评学生作品，引导细节处理 3.连线导师观看销售流程 4.发布存货流转自测题	1.最优小组分享交流 2.找出自己的不足 3.观看直播 4.修改完善课前流程图、完成自测题	职能意识、部门协作意识、
	行	仿真平台	1.发布不同企业存货流转仿真模拟实操 2.巡回指导	1.一人多岗，完成单据获取及存货流转 2.学生纠错改错，查漏补缺	追本溯源、分析意识
	评	先电平台	1.归纳总结 2.平台发布测试 3.多元评价	1.绘制思维导图总结 2.完成测试 3.完成自评、互评	

（六）教学过程				
任务准备				
学习内容	学生活动	教师活动	方法手段	教学效果
预习企业存货的概念及内容	1. 观看微课，自主学习自学本节课知识，思考企业存货内容 2. 合作探究，绘制流程图 以小组为单位，搜集资料，分析采购和销售业务，绘制流程图 3. 平台测验，检测新知完成平台课前自测题	1. 上传微课：存货的概念、划分标准、分类 2. 课前任务：绘制材料采购和商品销售的流程图 3. 课前自测题 4. 整理学生提交的流程图及自测情况，据此调整教学思路	借助微课自主学习小组协作	1. 借助微课视频预习，直观形象，优化了预习效果 2. 学生以小组为单位，培养学生团队协作意识；自主探究，激发学生学习主动性

任务学习					
教学环节	学习内容	学生活动	教师活动	方法手段	教学效果
体	存货重要性（5分钟）	1. 情景体验 体会新型冠状病毒感染疫情期间口罩紧缺情况，口罩需求量增幅明显 2. 观看视频 口罩紧缺与口罩充足的对比，深刻体会中国人民和中国企业对国家的支持，全国人民共渡难关，体会党和国家的伟大 3. 存货概念 回顾课前微课学习内容。明确存货的概念，存货是企业在正常生产经营过程中为销售或者耗费而储备的各种物资。加深对课前自学知识的理解 4. 头脑风暴 畅所欲言，分析存货对于企业的重要性	1. 播放视频：很多企业转产口罩，中国制造在新型冠状病毒感染疫情面前跑出来中国速度 2. 现在口罩充足，充足的口罩对国家战胜新型冠状病毒感染疫情很重要，同样，企业也需要一定数量的物资储备，这些储备的物资是什么？什么是存货 3. 存货对于企业重要吗？为什么？对学生的答案进行分析，引导学生明确存货对于企业的重要性	案例导入 视频对比 复习 头脑风暴	1. 从社会热点出发，对学生进行爱国主义教育，增强对党和国家的认同，实现素质目标 2. 通过头脑风暴，有效发散思维、开阔思路，对存货的重要性进行分析，实现知识目标

体	明确任务（3分钟）	1.观看直播 了解口罩企业基本情况，生产的产品 2.明确任务 明确本节课的任务，学习存货的内容及存货管理过程	1.同学们想不想了解口罩是怎样生产出来的？连线企业导师，介绍口罩企业的基本情况：××是一家什么类型的企业，主营业务是什么 2.企业导师给学生提出问题：企业的生产经营过程中，会有哪些存货，这些存货又是怎样流转的	直播连线	1.通过连线企业，将企业真实案例带入课堂，激发学生学习兴趣 2.企业导师提出问题，学生明确本节课的任务
析	材料库（8分钟）	1.直播连线 带着导师的问题，观看直播，参观材料仓库 2.归纳存货类型，总结其特点 原材料、低值易耗品、包装物等 3.区分不同特点 明确不同存货的特点	1.连线企业导师，带领学生通过直播的方式参观企业的材料库 2.引导学生思考：材料库中，我们见到了哪些存货呢	直播连线 归纳法 平台测试	通过直播连线企业，学生感受真实企业工作实际，初步实现知识目标，解决教学重点
	产品库（5分钟）	1.观看视频 2.小组讨论 以小组为单位，讨论生产过程中涉及的存货内容，平台提交	1.播放视频：材料进入生产车间，开始加工生产各种产品，生产完成，进入产品库。这一过程中，会涉及哪些存货 2.总结处于生产过程的存货有哪些	观看视频 小组讨论	通过观看视频、小组讨论，进一步实现知识目标，解决教学重点。小组教学增加学生学习自主性和自主探究能力，培养团队协作意识，实现素养目标

析	存货分类（8分钟）	1.区分不同特点 学生小组讨论，找出不同存货之间的区别，平台提交 2.小组讨论结果展示 3.完成平台测试 对不同企业的存货进行分类	1.存货的内容有哪些？它们之间有什么区别 2.归纳总结 3.平台测试：对存货进行分类，并对应不同存货的特点	小组讨论 对比总结 平台测试	概括存货内容，通过小组讨论，引起学生积极思考，实现技能目标，突破教学重点
知	外购入库（10分钟）	1.投票评选 学生投票，选出流程图最佳组 2.小组展示 小组代表分享交流采购流程 3.修改完善流程图	1.展示课前各小组制作的采购流程图 2.点评学生展示 3.总结外购入库的流程 	课前任务投票 小组展示 动画	投票互动活跃课堂气氛，对课前任务进行检查，初步完成技能目标，突破教学难点
	自用出库（5分钟）	1.观看视频 观看视频的同时，思考有了各种材料后，企业要做什么？材料怎样领用出库 2.学生讨论，归纳自用出库流程	1.提出问题：播放视频，了解企业领用材料出库的过程 2.总结自用出库流程	播放视频 讲授归纳	小游戏增加学生学习趣味性，寓教于乐，检测学生掌握情况
	自制入库（5分钟）	1.观看视频 学生带着问题，观看视频 2.以小组为单位，归纳产品完工入库的流程	1.提出问题：完工产品完工后怎样进入仓库，播放企业产品完工入库过程的视频 2.总结自制入库流程	观看视频 小组讨论	通过观看视频、小组讨论、小组教学增加学生学习自主性和自主探究能力，培养团队协作意识，实现素养目标

知	外销出库（10分钟）	1.课前任务展示 各小组介绍课前绘制的销售流程图 2.观看直播 学生带着问题，观看直播 3.修改完善 根据视频，修改课前绘制的流程图 4.完成测试，及时巩固	1.课前各小组制作的销售流程图展示 2.连线企业导师，带领学生通过直播的方式，观看企业产品销售的过程 3.总结存货外销出库流程 4.发布存货流转过程测试	任务展示 直播连线 修改流程图 平台测试	直播连线，了解真实的企业工作，建议学生课前完成任务，并及时修改，进一步完成技能目标，突破教学难点
行	实训演练（15分钟）	1.举一反三 以小组为单位，分析该企业业务涉及哪些存货，并对其进行分类，分析其在企业的流转过程 2.展示交流	1.发布案例任务，给出某制造业企业日常存货业务 2.指导学生讨论，组织各小组展示	业务实操	明确不同岗位的职责，对应学生职业能力的提升，进一步解决重点，突破难点

评	走进企业、认识存货（10分钟）	1. 观看视频 深入口罩企业，面对突发的新型冠状病毒感染疫情，在口罩紧缺时刻，企业积极响应国家号召，火速转产急需的防疫口罩 2. 了解企业运营流程 根据采访，学生总结仓管人员工作及岗位职责 认识口罩企业存货并明确采购、销售、会计、仓管等不同岗位的工作职责 3. 个人展示 原材料存货、产成品存货涉及的原始单据 4. 查询结果上传平台	1. 企业导师播放视频 2. 讲解企业运营流程 企业一般情况下都以订单情况确定销售以及生产情况，也就是以销定产，企业摸清家底，掌握存货情况，是企业运用的重要操作点 3. 引导思考，口罩企业有哪些存货 企业供产销过程中涉及的原始单据有哪些 4. 布置存货重要性资料查询	视频案例 知识讲授 引导思考 平台上传	通过视频，明确存货管理的重要性，归纳总结存货管理不同岗位的职责，进一步实现知识目标

| 评 | 总结归纳、多元评价（6分钟） | 1. 思维导图，总结归纳
学生绘制思维导图，归纳存货的内容及存货流转过程
2. 初级会计资格考试测试
登录平台，对接初级会计资格考试，对存货内容进行测试
3. 对照解析改错
进一步巩固，并在平台上交流疑难问题
4. 结合标准，打分评价
对照本节课的评价标准，学生进行自评、互评 | 1. 知识点归纳总结
2. 平台发布测试任务
3. 讲解点评，指出不足
4. 给出学习评价表，并进行教师评价 | 绘制思维导图

平台测试

改错答疑

多元评价 | 1. 巩固本课所学存货清查内容，夯实知识目标
2. 即时反馈，即刻点评，知错就改，找出不足，强化知识点综合运用的同时，提高学习效果，巩固重点难点
3. 通过课堂表现自评、互评，帮助学生寻找不足，多元评价学生课堂表现，增进学生学习动力 |

任务提升					
教学环节	学习内容	学生活动	教师活动	方法手段	教学效果
巩固提高	应用所学知识，进行案例分析	1. 分析案例 小组协作，分析案例企业有哪些存货 2. 学习心得 总结并撰写本节课学习心得 3. 交流答疑 学生知识迁移过程中存在的问题，通过小组课下交流或与老师视频等方式，答疑解惑	1. 分析某制造业企业的经济业务 2. 与学生交流学习体会 3. 答疑解惑	合作探究	1. 学生搜集资料，合作探究，自主解决课后任务，提高搜集资料能力和分析能力，培养学生团队协作意识，帮助学生巩固所学知识 2. 总结学习心得，分析自己不足，加深自我认知。学生互帮互助解决问题，共同提高

教学成效
本节课借助评价平台，采用学生自评、小组互评、教师评价、企业评价的多元化评价方式，综合考核学生在课前、课中、课后各环节的表现，对学生进行过程性评价和结果性评价 1. 任务准备（30%）：根据先电教学平台提供的学生查看资料、资源的情况给分（5%）；根据学生课前自测成绩（5%）、小组任务（20%）完成情况进行评价并打分。 2. 任务学习（50%）：综合评价考勤、互动参与、任务展示、实训操作、课堂测试等情况，从学习态度、学习能力和学习效果三个角度，主观、客观两个方面，进行评价。 3. 任务提升（20%）：从课后作业（10%）、企业参与（10%）等方面，对课后拓展任务进行评价 教学效果： 本节课以学生熟悉和感兴趣的口罩作为案例进行导入，对学生进行爱国主义教育，增强民族自信。学生头脑风暴，明确存货对于企业的重要性。连线企业导师，通过直播方式，近距离感受企业存货管理，通过外购入库—自用出库—自制入库—外销出库的存货流转过程，明确存货内容及其分类，区分存货管理各岗位的职责，逐步解决重点、突破难点，实现教学目标。在企业存货内容及存货管理任务的实施中，学生学习效果达标率呈上升趋势，尤其是在课中阶段，通过直播连线等多种信息化手段，有效突破重点难点，从任务完成、成绩数据上看，有效提高教学目标的达成度。业务流程，清晰明确。针对存货流转的不同过程，通过绘制业务流程图，既讲清了联系，又讲清了区别，课堂教学质量有效提高
反思诊改
一、特色创新 1. 充分发挥校企合作的优势，连线企业导师，通过直播方式，学生近距离感受企业生产经营实际 2. 教师抓住学生感兴趣的案例，强化案例教学和实践教学，将"做中学"渗透在整个课堂教学中 二、不足与改进 教学案例的选取，紧随时代。但不同类型企业其生产经营过程差距较大，企业存货种类也差距较大。今后案例的选择，要兼顾典型性与兴趣性、时代性，提高学生职业能力

三、混合式教学实验

（一）实验设计

本研究选取了 2020 级一班和四班作为实验班和对照班，并在这两个班级中随机选择了 30 人作为实验组和对照组，将其划分为 6 个学习小组开展实验，他们都由老师带领上课，其中对照组采取的是混合式教学模式，而实验组采取的则是传统的教学模式，进行自主学习，进行中测，最后采用混合式教学方式进行干预后取得后测成绩，两组学生的课程均是专业基础课程——导游基础知识课程标准。学生为刚入学的新生，没有任何专业基础。实验目的，一方面，旨在探究基于信息化支持的混合式教学模式的实际教学效果；另一方面，旨在依据其教学效果以促进反思该教学模式的优势及不足，并探索影响其教学效果的主要因素。

（二）实验对象

本实验对象主要由 12 名男生和 48 名女生组成。通过研究可以发现，这一阶段的学生拥有较强的好奇心，对于相关事物的实用性能够进行较强的辨别。此次实验并没有对学生的基础进行检验，有利于对实验最终结果进行对比和分析。

（三）实验结果

1. 教学目标达成情况

教育部对课堂质量进行评价，主要有直接评价和间接评价两种方法，前者以课程的定量评价结果作为依据，计算方法是每一个学习目标对应的平均分除以总分。而后者主要以学生体验的定性评价为基础，需要结合问卷调查来开展定性分析工作，通常分为优秀以及良好等 5 个档次。将获得良好以上的人数除以总人数，对各学习目标的达成度进行计算，获得的结果如表 5-4 所示。

表 5-4 学生教学目标达成情况

组 别	评价方式	学习目标 1	学习目标 2	学习目标 3	学习目标 4
实验组	直接评价	0.49	0.53	0.41	0.46
	间接评价	0.54	0.56	0.44	0.49
对照组	直接评价	0.50	0.54	0.50	0.51
	间接评价	0.55	0.56	0.54	0.54

结合上述数据可以发现，间接教学目标的达成度与直接教学目标达成度相比更高，这表明学生对于学习目标的达成情况是持满意态度的，从中也可以反映出本班课所进行的目标设置以及课程的实施过程是较为科学的，是能够促进学生可持续发展的。

2. 实验各组测试情况

本实验充分参考前文的各类实验，以各组学生在不同时期获得测试成绩的差异作为切入点，比较分析教学设计与测试成绩之间的因果关系，从而获得更加全面的信息。

在学生接触相关知识之前就开始测试，并统计他们的成绩，这一成绩被称为前测成绩。学生在经历自主学习之后获得的成绩则被称为中测成绩。学生在经历面对面教学之后获得的成绩被称为后测成绩。实验组并未对学生的学习过程进行干预，因此不存在中测成绩。实验中学生参与前测、中测与后测获得成绩的描述统计量如表 5-5 所示。

表 5-5　学生三次测试成绩描述性统计量

测试类型	组　别	N	均　值	标准差
前测	对照组	50	25.70	11.91
	实验组	40	25.63	9.49
中测	实验组	40	33.25	12.33
后测	对照组	50	34.00	15.68
	实验组	40	49.13	13.15

本实验统计和分析了实验中的有效成绩，并且对其进行了正态性检验。最终检验结果表明，学生测试成绩的分布与正态分布之间并不存在显著差异，所以可以进行 t 检验，具体内容如表 5-6 所示。

表 5-6　正态性检验

	Kolmogorov-Smirnov			Shapiro-Wilk		
	统计量	df	Sig.	统计量	df	Sig.
对照组前测有效成绩	0.124	50	0.053	0.965	50	0.139
对照组后测有效成绩	0.121	50	0.066	0.967	50	0.181
实验组前测有效成绩	0.147	40	0.029	0.954	40	0.106
实验组中测有效成绩	0.121	40	0.143	0.961	40	0.179
实验组后测有效成绩	0.131	40	0.081	0.961	40	0.186

　　实验组学生在学习的各个阶段，分别经历了三次测试，本实验通过对样本进行配对，结合 t 检验来对实验组学生获得的三次成绩之间的差异进行检测。选取未参与过相关知识学习的学生进行测试，取其获得的成绩为对照组前测成绩；未参与过相关知识学习的学生在混合式教学模式下获取相关知识后再进行测试，取其获得的成绩为实验组后测成绩。

　　对表 5-6 中数据进行梳理，也可以发现各配对乘积的 Sig. 值均比 0.05 小，这就表明达到了显著水平，也预示着组成配对的两种成绩是存在显著差异的。通过对比也可以得出，实验组学生后测成绩与前测成绩相比更高，这就表明学生在接受混合式教学之后，学习效果大幅度增强，使得测试成绩获得了大幅度的提升。在对照组中，中测成绩与检测成绩相比也更高，这就表明了学生有效利用信息化资源，对于成绩的提升也起到了显著的作用。在面对面教学之后获得的成绩与之前相比，获得的提升也是很显著的，如表 5-7 所示。

表 5-7 成对差分

	均值	标准差	均值的标准误差	差分的95%置信区间		*t*	df	Sig.（双侧）
				下限	上限			
对1 对照组前测有效成绩 对照组后测有效成绩	−8.300	4.803	0.679	−9.665	−6.935	−12.219	49.000	0.000
对2 实验组前测有效成绩 实验组中测有效成绩	−7.625	16.486	2.607	−12.897	−2.353	−2.925	39.006	0.011
对3 实验组中测有效成绩 实验组后测有效成绩	−15.875	14.451	2.285	−20.497	−11.253	−6.948	39.000	0.006

结合配对样本 *t* 检验的相关结果可以发现，不管是对照组还是实验组的教学干预，对学生掌握入门知识都产生了较大的影响。要想知道哪种教学干预的效果更好，则需要结合具体的数据进行分析，首先需要对学生的检测成绩进行比较，并结合单因素方差分析法开展研究。学生检测成绩的方差齐性检验如表 5-8 所示。

表 5-8 方差齐性检验

	Levene 统计量	df1	df2	显著性
前测有效成绩	2.638	2	131	0.075

其中，显著性 *p* 值为 0.075，大于 0.05，与单因素方差的条件相符合，因此可以开展单因素方差分析工作。

单因素方差分析结果如表 5-9 所示，*F* 值为 1.281，显著性 *p* 值为 0.281，大于 0.05，说明前测有效成绩无显著差异。

表 5-9 ANOVA 检验

		平方和	df	均方	F	显著性
	组间	260.749	2	130.375	1.281	0.281
前测有效成绩	组内	13 328.057	131	101.741	–	–
	总数	13 588.806	133	–	–	–

在进行多重比较时发现，前测有效成绩的差异均不显著，如表 5-10 所示。

表 5-10 多重比较表

因变量	（I）组别数	（J）组别数	均值差（I-J）	标准误差	显著性 95% 置信区间	
					下限	上限
前测有效成绩	对照组		2.140	0.972	−4.158	4.308
	实验组		2.085	0.161	−1.188	7.061
			2.204	0.174	−1.348	7.371
			2.140	0.972	−4.308	4.158

*. 均值差的显著性水平为 0.05。

对实验组学生自主学习后进行的中测成绩进行独立样本 t 检验，检验结果如表 5-11 所示。F 值为 7.079，Sig. 值为 0.009，小于 0.05，拒绝零假设，说明两组中测成绩方差不相等。t 值为 −0.030，Sig. 值为 0.976，大于 0.05。经过比较发现实验组中测成绩均值高于前测成绩均值。因此，实验组学生自主学习效果明显。成绩上升的原因在于本实验加强了学生自主学习，对信息化教学资源进行了优化设计，加入了基于信息化的混合式教学模式。

表 5-11　独立样本检验一

		方差方程的 Levene 检验		均值方程的 t 检验					
		F	Sig.	t	df	Sig.（双侧）	均值差值	标准误差值	显著性95%置信区间	
									下限	上限
中测有效成绩	假设方差相等	7.079	0.009	−0.030	82	0.976	−0.068	2.254	−4.553	4.417
	假设方差不相等	—	—	−0.030	66.223	0.976	−0.068	2.298	−4.657	4.520

对照组与实验组方差检验结果，如表 5-12 所示，F 值为 0.858，Sig. 值为 0.357，大于 0.05，方差可视为相等。独立 t 检验结果，t 值为 −4.879，Sig. 值为 0.000，小于 0.05，说明对照组与实验组后测成绩差异显著。经过比较发现实验组后测成绩均值高于对照组后测成绩均值。借助互联网和现代信息技术，基于信息化的混合式教学模式带给学生的认知负荷相对较小，可以激发学生的学习兴趣，使学生维持一定的学习动机，学习态度良好，在一定程度上提高了学生成绩。新的教学模式可以消除传统教学模式的弊端，实现学生"个性化学习"，促进学生个性发展，培养学生自主学习能力、批判性思维、创新能力、合作能力、探究实践能力以及终身学习能力。

表 5-12　独立样本检验二

		方差方程的 Levene 检验		均值方程的 t 检验					
		F	Sig.	t	df	Sig.（双侧）	均值差值	标准误差值	显著性95%置信区间	
									下限	上限
后测有效成绩	假设方差相等	0.858	0.357	−4.879	88	0.000	−15.125	3.100	−21.286	−8.964
	假设方差不相等	—	—	−4.975	87.784	0.000	−15.125	3.040	−21.167	−9.083

四、混合式教学实践项目教学实施报告

（一）导游基础知识课程教学实施报告

本项目内容选自职业教育旅游服务与管理专业核心课程导游基础知识。该课程是导游资格证考试课程之一，对于培养高素质导游从业人员，提升他们的知识储备以及人文素养至关重要。该课程是在旅游概论、中国旅游地理基础上开设的理实一体化课程，教学团队在文旅产业融合背景下，进行了充分的市场调研，融入文化元素、1+X 职业能力评价标准及职业技能大赛规程，对课程体系进行重构，并对教材内容和课程资源进行整合，确定了导游基础课程的 9 个项目 40 个任务。参赛内容选自项目三中国古代建筑，分为宫殿建筑、坛庙建筑、民居建筑、陵墓建筑、"云游"古建 5 个主题 7 项任务，共 16 学时（图 5-7）。

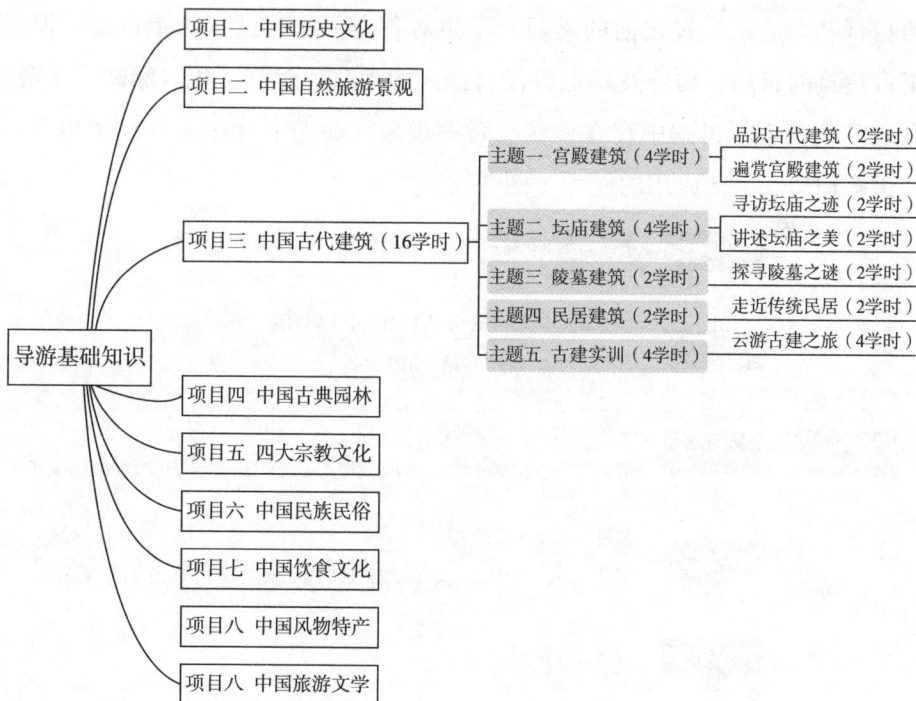

图 5-7 导游基础知识课程结构

1. 整体教学设计

依据国家专业教学标准，对接"1+X"职业能力评价标准，结合市场调研结果和平台学习数据，对授课对象的学情进行深入分析（图5-8），确定了教学设计思路：聚焦"三教"改革，落实立德树人根本任务，以高素质技术技能人才培养为核心，在文旅融合、产教融合背景下，从导游员岗位核心职业能力出发，结合新形势、新技术、新规范进行教学设计，提升育人质量。

（1）依据平台调研数据，分析学情。本课程的授课对象是中等职业学校旅游服务与管理专业一年级的学生，喜欢新鲜事物，自主学习能力弱，动手能力强，能熟练地运用基础的信息技术。

在学习本课程之前，学生已掌握了旅游活动基本要素、旅游业发展趋势及我国旅游资源状况等；对导游职业充满向往，确立了获得导游资格证的目标和信心。通过之前的学习，学生对各类古建筑已有初步认知，但对于古建筑的布局、构造及特点等没有深入的理解，对其文化内涵缺乏了解。在之前项目学习讲解中存在抄稿、背稿现象，缺乏个性化、具有文化内涵的讲解构架和灵活应用的能力（图5-8）。

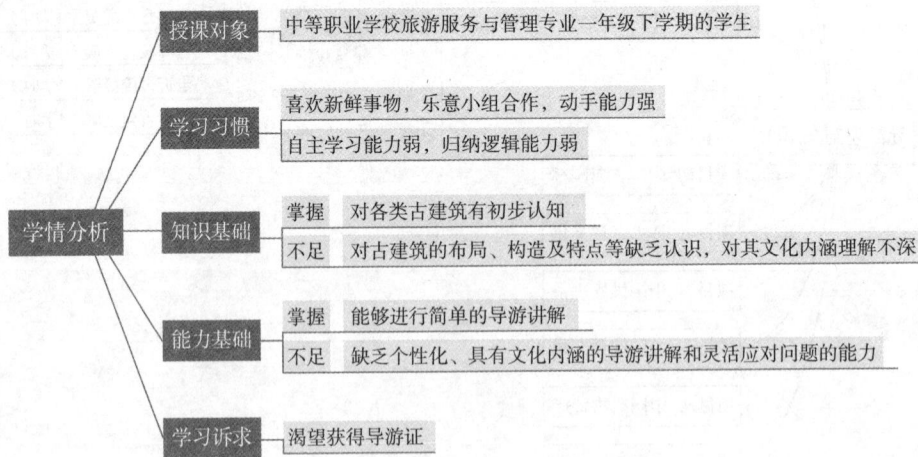

图5-8 学情分析

（2）基于任务和学情，确定教学目标。我国古建筑类旅游资源丰富，对于导游员来说，讲好古建筑，应该了解古建筑承载的历史及文化内涵。

结合任务及学情分析，确定教学目标：理解并能够讲述古代建筑的思想和布局，掌握古建筑的主要构造、历史沿革、特点等；能够结合不同朝代的政治、经济、文化、地域等因素分析古建筑的形制演变，沿着文化传承发展的脉络画出古建筑演变思维导图。能力目标要求学生根据导游任务需求，赏析古建筑，融合古建筑特点及文化要素进行导游词编写，开展古建筑导游讲解服务。素养目标为体悟工匠精神，树立民族文化自信，守护古建文化遗产，讲好古建故事，弘扬千年文脉（图5-9）。

为了达成教学目标，在项目开始前，教师通过教学平台进行了学生古建认知调研。根据调研结果，本项目把学生对古建筑相关知识的理解和讲解能力作为教学重点，把学生对古建筑文化内涵的理解及运用作为教学难点。

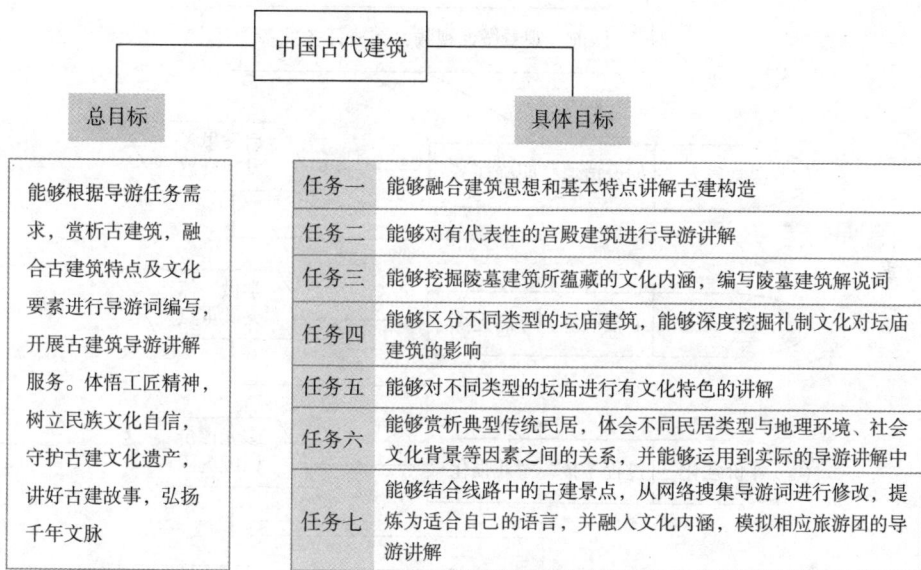

中国古代建筑		
总目标	**具体目标**	
能够根据导游任务需求，赏析古建筑，融合古建筑特点及文化要素进行导游词编写，开展古建筑导游讲解服务。体悟工匠精神，树立民族文化自信，守护古建文化遗产，讲好古建故事，弘扬千年文脉	任务一	能够融合建筑思想和基本特点讲解古建构造
	任务二	能够对有代表性的宫殿建筑进行导游讲解
	任务三	能够挖掘陵墓建筑所蕴藏的文化内涵，编写陵墓建筑解说词
	任务四	能够区分不同类型的坛庙建筑，能够深度挖掘礼制文化对坛庙建筑的影响
	任务五	能够对不同类型的坛庙进行有文化特色的讲解
	任务六	能够赏析典型传统民居，体会不同民居类型与地理环境、社会文化背景等因素之间的关系，并能够运用到实际的导游讲解中
	任务七	能够结合线路中的古建景点，从网络搜集导游词进行修改，提炼为适合自己的语言，并融入文化内涵，模拟相应旅游团的导游讲解

图 5-9 教学目标

（3）立足教学目标的达成，设计教学内容。中国古代建筑项目课程框架，按照"总－分－总"排布，任务一借助太和殿，讲解古建筑构造、思想及布局；任务二至任务六重点讲解宫殿、坛庙、陵墓、民居四大形态建筑；任务七为古建综合实训，通过"云游"古建实训任务，对四大形态古建筑的知识灵活运用。五大主题以任务为主线，以文化为脉络，深度挖掘古建文化内涵，从学懂到会讲、再到会"导"和文化素养提升，逐步突破重难点，为培养具备文化素养的高素质导游员奠定基础。

（4）以学生为主体，制定教学策略。

①结构设计，要素融合。根据课程目标，采用结构化的教学设计，将本项目教学内容根据要素分解重构，有效整合教学资源。适应文旅产业深度融合大背景，根据岗位职业能力建构需要，遵循学生认知规律，分析古建文化特征，为每个古建类型选取一个代表性建筑范例，将知识点及文化要素融合进去，进行讲解剖析，强化学生理解记忆。例如，讲解古建筑构造时，以制式完整的太和殿为例进行剖析，课前导学案设计学生提前了解配殿构造的学习任务，在讲解主建筑时，学生会自觉进行对比，加深记忆。教学设计思路如图5-10所示。

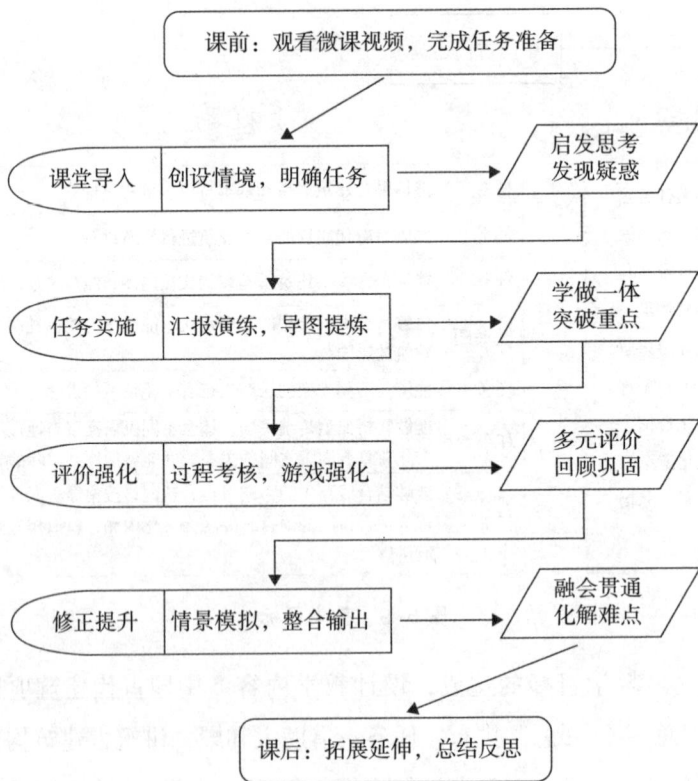

图5-10 教学设计思路

②能力主线，小组协同。主要采用小组合作学习的方法，以探究式教

学实现学生知识、能力、素养的内化。教师以学生为中心进行教学设计，对教学内容进行科学合理的筛选、补充和拓展，尊重学生的个性化和差异化，关注学生的学习需求，激发其内生成长动力。例如，鉴于时间和空间距离等原因无法到企业或者景区进行现场教学实践时，设置"云游"古建学习任务。通过小组网上协作，发挥头脑风暴作用，用 Xmind 完成知识点思维导图、进入"古建中国"查询资料、运用讯飞语记进行讲解词录入、利用快剪辑编辑讲解视频等都是在小组分工协作过程中发掘应用的。在协同学习模式中，突出学生主体地位，强化学生自主学习意识，培养团队合作能力，提高学习效果。

③聚焦目标，跟踪评价。制定教学目标遵循具体明确、可观察、可检测的标准，中国古代建筑内容散杂，"封土沿革""茅茨土阶"等专业术语晦涩难懂，通过联想记忆、动画、知识闯关等学习效果明显。创设职业情境，通过真实工作任务驱动、引导，线上线下教学有机衔接，如"云讲国宝"比赛遴选、研学团"首都古建"游览路线设计等，将导游讲解评价量表及课堂反馈表引入教学平台，全过程记录学生综合情况，企业专家在线指导、测评，学生在做中学、学中做，学生自评、教师评价有基准线，在完成任务过程中达成学习目标。

2. 教学实施与成效

通过对教学内容的重构和教学策略的改进，适应文旅产业发展最新趋势，创新职场情境构建，以古建文化传承与发展为脉络，培养学生的核心职业能力，教学成效显著。

（1）教学实施。

①聚焦教学目标达成。一体化设计教学目标，项目、课程、专业、育人目标层层递进，以点带面，贯彻德技并修、知行合一。坚持目标导向，以课堂教学为主阵地，发挥教师主导、学生主体作用，围绕教学重点难点进行教学设计，充分利用现代信息技术手段，整合课程资源，依托教学平台实现师生互动、生生互动，共建师生学习成长共同体，打造活力课堂。思政教育融入课程教学全过程，以文化引领专业课程教学，拓展专业知识，

培养学生成为中华民族优秀文化的传播者，坚定文化自信，有效达成教学目标。

②关注高效课堂打造。结合本项目特点，采用"一二四三"教学模式（图5-11），打造高效课堂。即一条文化主线，学校教师、企业导师双主体育人，采用任务、实施、评价、修正的大小循环模式（可简称为ADEA），借助教学、软件资源和企业实践三大平台实现课堂组织的优化、重难点突破和教学质量提升。以任务五中国古代坛庙建筑为例，课前发布"云游国宝——我是讲解员"任务，分小组开展合作探究，上传讲解视频，课上教师纠正存在的问题，提出建议，分小组讲解孔庙、天坛，采用教师点评、导师连线、组内自评、组间互评的方式，分析优缺点后，归纳坛庙讲解口诀，打磨讲解视频，选出最受欢迎的云游国宝作品，参与bilibili网站的云游国宝比赛，任务完成即代表教学目标的达成。

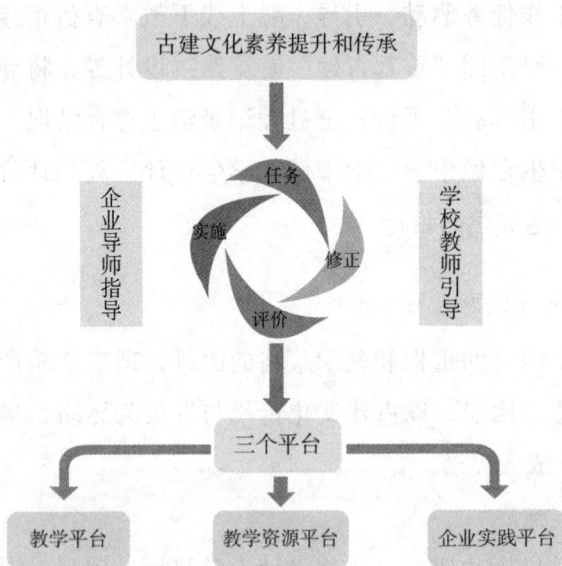

图5-11 "一二四三"教学模式

③助力教学构思呈现。全面整合利用实训设备、软件等教学资源，突出信息化与教学的有机融合（图5-12）。教学平台实现任务发布、资源整合、学习效果监测等构思；利用Xmind解决古建构造知识零散、古建发展沿革难于记忆等问题，归纳出知识点，找出重点、难点和解决的关键点；

借助古建闯关"修炼塔"进行知识点闯关测试和小组竞赛，提高知识点掌握的熟练程度；采用新恋景、讯飞语记、玩转故宫等 App 进行小组自主探究，聚焦学习重点，突破学习难点；利用 3D 导游模拟系统中语音识别、全息投影技术，构建讲解框架，创新讲解训练方法，进行古建筑讲解展示，在此过程中学生互相提问出难题，培养学生的应变能力，增强代入感。

图 5-12　信息化手段与教学需要融合

④创新职场仿真环境构建。课程内容以校企共同探索开发的本课程活页任务书为蓝本，企业提供典型岗位案例，在学期规划时间内，选派企业师傅入校授课、在线点评指导、直播展示等。针对古建筑讲解知识点及技巧，主动探究古建筑历史背景、文化内涵与内部构造的教学重难点。在"我要学"的动机下，关注学习的每个环节，学习效率明显提高。任务七为四节"云游"古建实训，包含观看金牌导游员古建导览、古建赏析，运用软件平台，模拟设计线路，进行古建"云游"和"云"导览，并将作品发布教学平台。

⑤实现教学全过程评价。利用教学平台的课堂教学设计、资源数量及质量实现教师教学工作评价。在开展学生评价工作时，需要结合任务以及教学平台，分析学生的观看时长、参与话题讨论、网上测评、测验、知识闯关等，进行学生综合情况分析，全过程动态监测学生学习情况，提供学习质量测评的数据支撑，开展教师评价、自评、互评、企业导师评价和线上点赞关注度的服务对象评价等，提高参与度，如图5-13、图5-14所示。

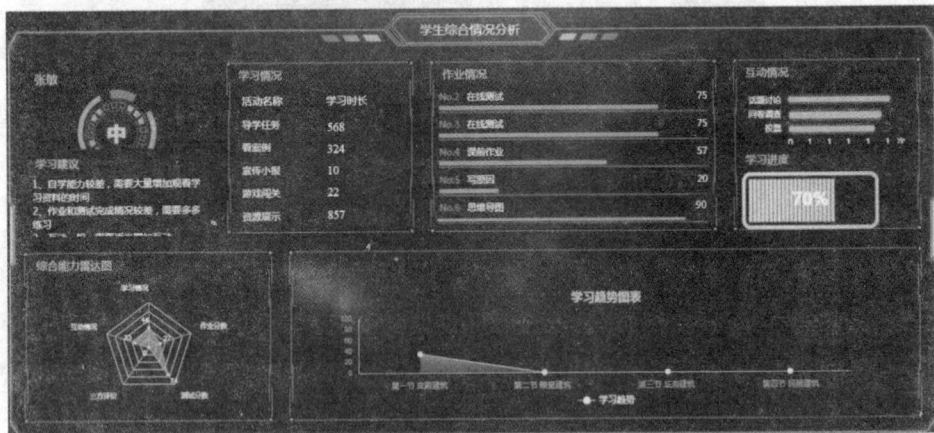

图 5-13 教学平台学生综合情况分析

图 5-14 课堂教学多元评价

⑥助推职业能力提升。结合每次课的任务，将导游职业的知识整合、应变、线路设计、资源开发等能力，巧妙地渗透到知识讲解中，逐步树立学生的职业理念。对接服务地方经济，到当地古建景区进行讲解服务，把握行业发展的新增长点，主动对接本地古村旅游景区改造、红色旅游景点建设及仿古建筑景区建设，进行线路规划、云导览讲解词编写及现场导游等，服务全域旅游背景下的乡村振兴战略。

（2）教学成效。

①立体化教学设计，提升文化内涵。赋予抽象的古建筑知识以文化内涵，学生的导游词编写和景点讲解融合了更多的文化元素，学生的文化思维和文化意识有了提升。基于任务导向的教学设计，教学环节层层深入，解决重点，突破难点，学生参与积极性高。全面整合教学资源，用模拟、可视化立体呈现古建筑景观，学生加深了对古建筑的印象，学生自主学习能力和学习效果提升（图5-15）。加入古建文化内涵的挖掘学习，在诠释传统文化的过程中，学生深刻体会古人的伟大智慧，学习工匠精神，增强文化传承意识，提高民族自豪感，树立文化自信心。

图5-15　麦课中国古建筑赏析软件

②综合评价，检验目标达成。古建知识闯关测试学生参与度高，从平台学生综合情况分析量表看，导学检测、学习时长、讨论参与等各项数值较之前均有提高，课堂小测验与阶段性测验正确率提高15%。学生提报的"云游"古建综合实训视频被推送到校园网站宣传，学生观看量突破5 000

人次。学生阅读量提升，班级图书角古建类书籍增多，阅读频率增加。校园文化节提交的"云讲"红色故居活动中，学生参与积极性高。

3. 特色与创新

（1）以文化为脉络重构提升课程。以文化为脉络，任务为主线，深度挖掘古建文化内涵，从学懂到会讲、再到会"导"、文化素养提升，逐步突破重难点，引导学生探求中国古建的精巧设计，感受匠心匠技，树立职业意识，传承和弘扬工匠精神，增强文化自信。

（2）校企协同助力创新创业。引导学生创新创业，开展服务地方古建筑旅游资源开发、古建文创产品推广、古建筑推介等活动，让古建在新时代背景下焕发新的生机和活力。创设真实职场情境，企业专家全程参与指导教学。创立了"一二四三"教学模式，涵盖了企业实践平台搭建、校企开发课程资源、管理内循环诊改模式等。

（3）打造古建导览全时空"云"实训。利用软件资源及线上开放平台，云游、云讲古建，巧妙解决了古建学习实践中时间、空间等局限性问题，借助抖音、快手等平台进行创意推广，学生参与度高，自主探索能力提升。

4. 反思与改进

（1）存在的问题与不足

①旅游专业涵盖的知识面广，涉猎知识多，在教学过程中会出现杂而不精，通而不透的问题，部分建筑构造类知识专业性强，文化类知识又多为无形，难以直观呈现。

②个性化测评尚待提升。根据学科特点，古建项目的导游讲解测评更趋向于主观评价，虽有测评表，但是缺乏专业性可量化的数据分析。

③学生未能赴景区现场导游，缺少实地讲解实践经验。

（2）改进措施

①知识储备与整合。引导学生提升知识储备和信息整合处理的能力。布置开放性的学习任务，让学生学会自主学习，提炼有用信息。

②设立个性化教学策略。与软件公司对接，开发导游专业学生景点

讲解专用的测评系统，适时进行数据分析，服务于课堂教学及职业技能证书考取。注重核心职业能力提升，在教学过程中创设情境，培养高素质从业者。

③线上和线下结合。对于外地区的古建筑以"云游"方式进行，对于本地区的古建筑进行实地考察讲解，让学生有更多身临其境的真实体验感。

（二）企业财务会计课程教学实施报告

1. 教学整体设计

（1）教学内容

①教材选取。选取国家规划教材《企业财务会计（第五版）》作为参考教材，并以此教材为基础设计了《企业财务会计与管理》活页教材。该教材以为企业服务为宗旨，结合了智能财务发展要求和企业会计岗位特点。教材的主要内容包括企业存货的定义、特点和分类，使学生了解存货的基本概念和种类；存货的收发过程，包括存货的采购、入库、销售和出库等环节的核算方法和技巧；存货成本的计算方法，包括先进先出法、后进先出法和加权平均法等；存货盘点的目的和方法，以及如何进行存货盘点的核算和调整；合理管理企业的存货，包括存货的订购、库存控制和供应链管理等；分析存货相关报表并做出决策，以提高企业的经营效益和风险控制能力。该教材根据国家会计专业教学标准和企业会计职业岗位需求，采用了大量的真实案例和实际工作情境，使学生能够将所学的理论知识应用到实际工作中。教材的设计还参考了数字化教学资源和共享课程资源，以提供更全面和多样化的教学内容。教材内容按照会计六要素进行组织，分为 6 个模块，通过学习该教材，学生将掌握企业存货的核算和管理技能，为未来从事企业会计工作提供实际操作的基础。"企业存货的核算与管理"选自资产模块中的项目三，共 16 学时。

②内容选取依据。根据行业、企业及岗位需求，对接职业教育国家教学标准，结合会计专业学生的特点，引入行业创新思维，科学设定教学内容，教学内容的组织与编排既符合知识和能力的逻辑顺序，又符合中职生

的年龄、智力水平、认知规律，对中华民族的爱国精神进行弘扬，让学生在成长过程中能够形成热爱劳动、尊重劳动的价值观，运用信息技术等来优化教学过程，创新教学模式。

③内容选取。企业存货管理的核心是在保障生产运营顺利进行的同时，尽量减少资金的占用，提高资产的周转效率。作为一名合格的会计人员，需要学会做好存货的分类和定价，不同类型的存货需要采用不同的核算方法，比如原材料可以采用加权平均法，而库存商品可以采用先进先出法。而存货的定价需要结合实际成本和市场行情进行合理确定，避免存货价值被高估或低估。能够进行存货的管控和库存管理，合理控制存货的进货和销售，避免过多的积压和滞销，从而降低资金占用和损失。做好存货的盘点，确保存货数量和实际库存一致，避免因为存货盘亏盘盈而导致财务数据的错误。加强存货的成本控制，确保存货的成本在合理范围内，从而保障利润水平。存货管理对企业的财务状况和经营成果有重大的影响，企业需要重视存货管理工作，加强存货的核算，提高资金的利用效率，降低经营成本，从而保障企业稳健发展。

从存货管理角度出发，根据初识、学习、应用的认识发展规律，以理实一体、做中学、学中做的方式，让学生了解不同类型存货的共性和特性，按照存货结存、存货发出和存货取得的流程进行学习。学习存货的确认、计量和核算，并通过真实的企业存货生产经营业务来感悟企业存货管理的要求，以提高实际操作能力和增强职业道德。

（2）学情分析。本课程的授课对象为会计专业二年级的学生。学生已经学习了基础会计中会计核算基础知识。学生沟通和表达能力还需要进一步提高，团队合作精神和解决问题的能力也需进一步培养。课上注意力集中的时间比较短，且不善于分析和解决实际的会计问题，根据不同的情况做出准确的财务决策的能力不足，也不善于会计知识的归纳与总结。对实际案例分析、小组合作、课堂讨论和实践操作等教学方法接受度比较高，喜欢实践操作和企业实践活动，对于真实的企业账务处理的学习动力和热情十足，所以本课程会通过实际操作和企业实践来强化学生的会计业务处理能力，并培养他们的团队合作精神、解决问题的能力和严谨细致的工作态度，也将注重激发学生的学习兴趣，并培养他们的社会责任感。

（3）教学目标。基于理实一体化教学特点以及学生基础，依据国家教学标准和课程标准，结合会计专业岗位需求，融入"1+X"职业技能等级标准，提炼学习任务，制定教学目标：理解存货管理对企业经营的重要性，明确存货管理的目标是满足市场需求、降低成本、提高效益；掌握存货业务核算的流程，包括存货的购买、入库、盘点、销售等各个环节以及它们之间的关联；掌握不同存货确认、计量与核算方法的概念和要求，能够根据实际情况正确选择合适的方法进行存货的确认、计量和核算；能够利用大数据技术对存货业务进行分析和管理，提高存货管理的效率和准确性；能够基于实际情况进行初步的会计职业判断和会计政策选择，包括存货确认原则的选择、计量方法的选择等；培养学生服务企业发展的责任意识，培养遵守国家法律法规和职业道德规范的工作作风，严格遵守会计准则和规范；培养严谨务实的工作态度，注重工作的细节和精确性；培养诚实守信的职业道德，保持良好的职业操守和职业信誉。教学目标如图5-16所示。

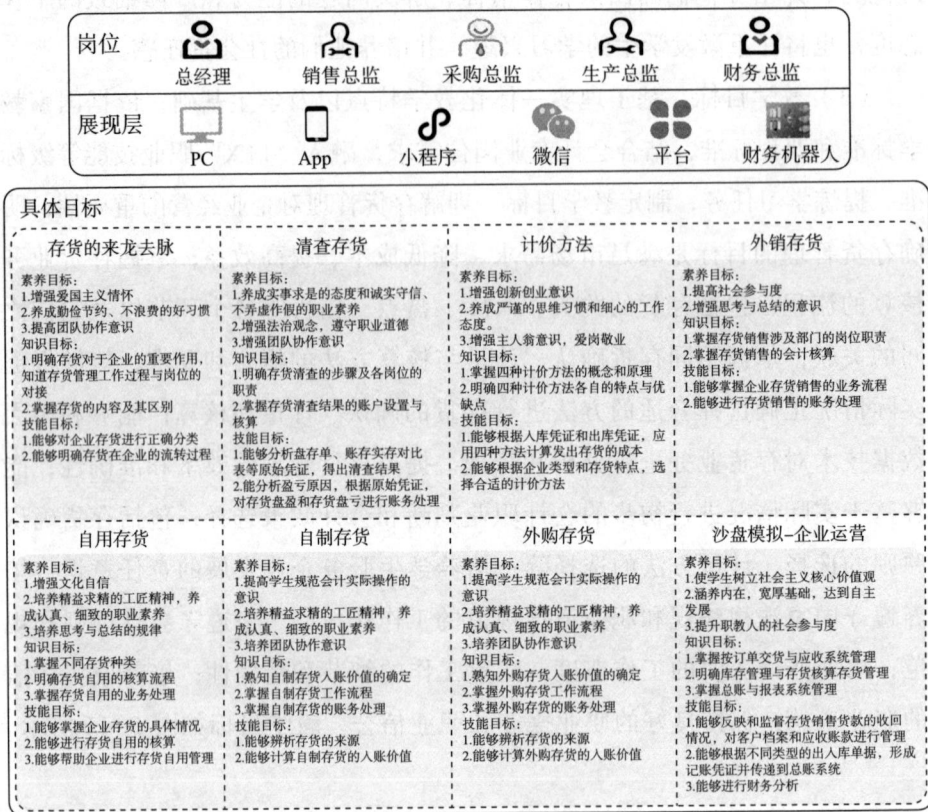

岗位	总经理	销售总监	采购总监	生产总监	财务总监
展现层	PC	App	小程序	微信	平台	财务机器人

具体目标

存货的来龙去脉	清查存货	计价方法	外销存货
素养目标： 1.增强爱国主义情怀 2.养成勤俭节约、不浪费的好习惯 3.提高团队协作意识 知识目标： 1.明确存货对于企业的重要作用，知道存货管理工作过程与岗位的对接 2.掌握存货的内容及其区别 技能目标： 1.能够对企业存货进行正确分类 2.能够明确存货在企业的流转过程	素养目标： 1.养成实事求是的态度和诚实守信、不弄虚作假的职业素养 2.增强法治观念，遵守职业道德 3.增强团队协作意识 知识目标： 1.明确存货清查的步骤及各岗位的职责 2.掌握存货清查结果的账户设置与核算 技能目标： 1.能够分析盘点单、账实存对比表等原始凭证，得出清查结果 2.能分析盈亏原因，根据原始凭证，对存货盘盈和存货盘亏进行账务处理	素养目标： 1.增强创新创业意识 2.养成严谨的思维习惯和细心的工作态度。 3.增强主人翁意识，爱岗敬业 知识目标： 1.掌握四种计价方法的概念和原理 2.明确四种计价方法各自的特点与优缺点 技能目标： 1.能够根据入库凭证和出库凭证，应用四种方法计算发出存货的成本 2.能够根据企业类型和存货特点，选择合适的计价方法	素养目标： 1.提高社会参与度 2.增强思考与总结的意识 知识目标： 1.掌握存货销售涉及的部门的岗位职责 2.掌握存货销售的会计核算 技能目标： 1.能够掌握企业存货销售的业务流程 2.能够进行存货销售的账务处理
自用存货	自制存货	外购存货	沙盘模拟–企业运营
素养目标： 1.增强文化自信 2.培养精益求精的工匠精神，养成认真、细致的职业素养 3.培养思考与总结的规律 知识目标： 1.掌握不同存货种类 2.明确存货自用的核算流程 3.掌握存货自用的业务处理 技能目标： 1.能够掌握企业存货的具体情况 2.能够进行存货自用的核算 3.能够帮助企业进行存货自用管理	素养目标： 1.提高学生规范会计实际操作的意识 2.培养精益求精的工匠精神，养成认真、细致的职业素养 3.培养团队协作意识 知识目标： 1.熟知自制存货入账价值的确定 2.掌握自制存货工作流程 3.掌握自制存货的账务处理 技能目标： 1.能够辨析存货的来源 2.能够计算自制存货的入账价值	素养目标： 1.提高学生规范会计实际操作的意识 2.培养精益求精的工匠精神，养成认真、细致的职业素养 3.培养团队协作意识 知识目标： 1.熟知外购存货入账价值的确定 2.掌握外购存货工作流程 3.掌握外购存货的账务处理 技能目标： 1.能够辨析存货的来源 2.能够计算外购存货的入账价值	素养目标： 1.使学生树立社会主义核心价值观 2.涵养内在，宽厚基础，达到自主发展 3.提升职教人的社会参与度 知识目标： 1.掌握按订单交货与应收系统管理 2.明确库存管理与存货核算存货管理 3.掌握记账与报表系统管理 技能目标： 1.能够反映和监督存货销售货款的收回情况，对客户档案和应收账款进行管理 2.能够根据不同类型的出入库单据，形成记账凭证并传递到总账系统 3.能够进行财务分析

图 5-16 教学目标

（4）教学重难点。以教学目标为根本依据，结合学生实际情况，确定教学重点、教学难点，如图 5-17 所示。

任务名称	教学重点	教学难点
存货的来龙去脉	存货的内容及其分类	存货在企业的流转过程
清查存货	1.四种计价方法发出存货金额的计算 2.加权平均法的计算原理及发出材料单价的计算	企业存货清查的具体工作过程及各部门的岗位职能
计价方法	企业销售存货涉及原始凭证的分析及相关账务处理	1.四种发出存货计价方法的优缺点 2.根据企业类型和存货特点,选择合适的计价方法
外销存货	自用存货计价方法的选用与应用	企业销售存货仓储部门、销售部门、财务部门的工作流程及岗位职能
自用存货	1.待处理财产损溢的应用 2.存货盘盈、盘宁业务审批前及审批后的账务处理	自用存货的账务处理;自用存货不同企业的税务处理方法
自制存货	企业自制存货涉及原始凭证的分析及相关账务处理	企业自制存货采购部门、仓储部门、财务部门的工作流程及岗位职能
外购存货	企业外购存货涉及原始凭证的分析及相关账务处理	企业外购存货采购部门、仓储部门、财务部门的工作流程及岗位职能
沙盘模拟-企业运营	企业运营流程	系统建立与采购管理、销售管理、生产管理相对应的数据接口,进行相应的财务分析

图 5-17 教学重点难点分析

（5）教学策略。要高度重视"理—虚—实"业财一体教学工作的进一步推进,只有这样才能确保德技并休的顺利实现。在现阶段要注重教学理念的顺利转变,充分遵循学生的认知规律,借助大数据等诸多信息技术,注重中职学生核心素养的培养,结合学习媒体、优化学习模式,结合实训基地、校企双育人主体,在实践工作中充分对接课堂理论,对教学的重难点进行有效突破,促进学生高质量发展,如图 5-18 所示。

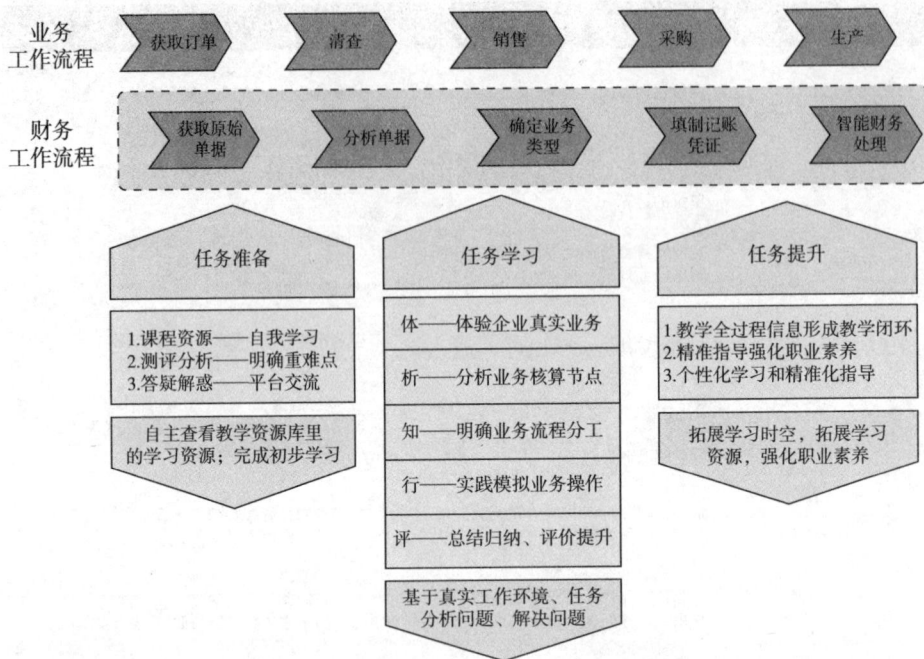

图 5-18 基于业财一体的"三环五步"教学策略

①对信息技术进行巧妙的使用，从而保障一体教学工作的顺利实现。在新时期发展过程中，对于任务驱动式教学以及体验式教学等诸多教学方法都要进行综合的运用，结合虚拟仿真系统等相关技术手段开展认知交互和沉浸式教学，用体验模式来强化学习的自主性。运用这些方式能够更好地解决学生上课注意力不集中等相关问题，在完善理论的同时强化实践，实践与理论的紧密结合，才能够促进学习效果的显著提升。

②在开展教学实训工作时，需要以真实的工作情景作为切入点，要高度重视实训基地等诸多教学资源的有效应用，与企业开展深化合作，结合真实的工作任务来对实训任务进行布置，从而在学习过程中将职业的核心技能进行充分的内化。

③将思政元素充分融入课堂教学当中，保证课堂思政工作的充分开展，将劳动精神在新时代的内涵进行充分挖掘，注重企业家精神以及科学家精神等诸多精神的学习，高度重视真实的工作案例分享和模拟体验等相关活动，确保忠诚担当、严谨科学工作精神的顺利培养，内化"敬畏岗位、敬

畏职责、敬畏生活"三个敬畏，让学生在成长过程中能够树立正确的劳动价值观念，保障学生职业荣誉感的形成。

（6）教学评价。建立智能评价体系，提供更准确、全面的学生评价信息，更好地指导和帮助学生提高学习效果。通过形成性评价，及时反馈学生的学习进展，帮助他们发现和改正错误，进一步提高学习效果。通过结果性评价，对学生的学习成果进行评估和总结，为学校和教师提供参考，以便调整教学内容和方法。多元化和动态化的学生考核方式，充分考查学生的多方面能力和素质。过程考核的实时化和可视化，帮助学生更好地了解自己的学习情况，以便及时调整学习策略。教师通过这些数据，对学生的学习情况进行监控和分析，及时给予指导和帮助。全方位评价，不仅会对学生的课内学习成果进行评价，还会考虑学生的课外学习、社会实践等方面的表现。这样可以更全面地了解学生的综合素质和能力，为他们的个人发展提供更好的指导和支持。通过现代信息技术的应用，实现教学数据的采集源头化，确保教学评价的客观性、可靠性和全面性。

2. 教学实施过程

（1）整体思路。对教学内容进行重构，紧跟行业发展趋势，创建三阶递进阶段性学习过程，以业务流程线和会计核算线双主线开展，整个教学过程采取探究式教学，分为体、析、知、行、评五个环节。以存货业务流程为主线，进行深入学习，结合实际情景案例，以岗位任务为载体，学生通过模拟岗位操作和企业实践，综合运用所学知识和技能，解决实际问题。通过实际操作和应用，学生能够提升自己的实际操作能力和解决问题的能力。通过学习过程的评价，对学生的学习结果进行评价和反馈。

（2）具体教学实施过程。外销存货的教学过程分为任务准备、任务学习、任务提升三个阶段。在任务准备阶段，通过微信以及先电教学平台发布课程相关的微课，并要求学生搜集外销存货涉及单据，发布流程图任务，并且布置存货销售知识自测题。任务学习阶段由体、析、知、行、评五个环节组成，课堂学习紧凑且高效（图5-19）。在任务提升阶段，教师发布小规模纳税人外销存货任务，并且根据学生上课情况反馈分层次分类别有针对性地指导，做到一切为了学生，为了学生的一切，达成精细化教学的目标。

体——体验口罩企业外销存货业务

析——分析存货销售业务的核算

突出重点

知——明确存货销售业务各部门协作获取单据流程

突破难点

行——举一反三，实际操作企业存货销售业务

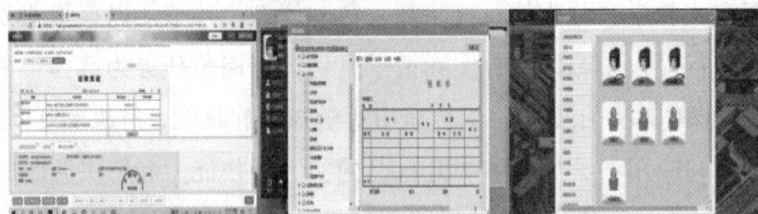

评——归纳总结，知识检测，多元评价

图 5-19　外销存货任务学习

3. 教学实施成效

（1）实境实岗内化核心技能。在开展教学实施工作时需要注重职业能力的培养，开展系统化的教学任务，保障职业技能系统化教学目标的顺利实现，在此过程中需要注重工作手册的有效运用，充分发挥校企团队的重要作用，在开展具体工作时，更需要选取企业的典型案例进行教学工作，结合小组学习等相关模式来促进任务的顺利完成，为学生的职业核心技能的强化奠定坚实基础。最终数据显示学生的知识以及技能目标达成率高达97.25% 和 96.29%，优秀率更是达到了 20% 和 23.33%，这也预示着教学目标的顺利实现。

（2）层层递进强化职业素养。提升职业素养是教学实施的主要目标，在开展具体教学工作时，需要注重岗位工作流程与教学实施过程的有机结合，高度重视学生的主体地位，结合各类信息技术，将教学当中遇到的重难点进行突破，通过融入信息化资源来实现知行合一，这也与中职学生的认知规律相契合，能够最大限度地确保教学效果。在此次研究过程中应注重多维数据的采集，对学生的学习动态进行全方位把控，这也能够确保教学策略的及时调整，通过实施个性化的教学以及差异化的指导，确保学生具备更强的职业能力和职业素养。结合最终数据可以发现学生职业素质的目标达成率高达 94.83%，这为学生的可持续发展奠定了坚实的基础。

（3）课程思政培育"企业家精神"。立德树人是教育教学工作的根本目的，在现阶段发展过程中，需要对课程目标以及内容等诸多环节进行深化，将企业家精神内核进行内化，不仅要注重忠诚的政治品格的形成，更要有更加科学和严谨的专业精神，在工作过程中团结协作，勇于奉献，显隐结合培育新时代中职生正确的价值观，正确的思维方法，促进学生全面发展。

教学实施成效如图 5-20 所示。

运营成绩表

各任务目标达成率

各任务目标优秀率

三环五步

策略调整

企业家精神

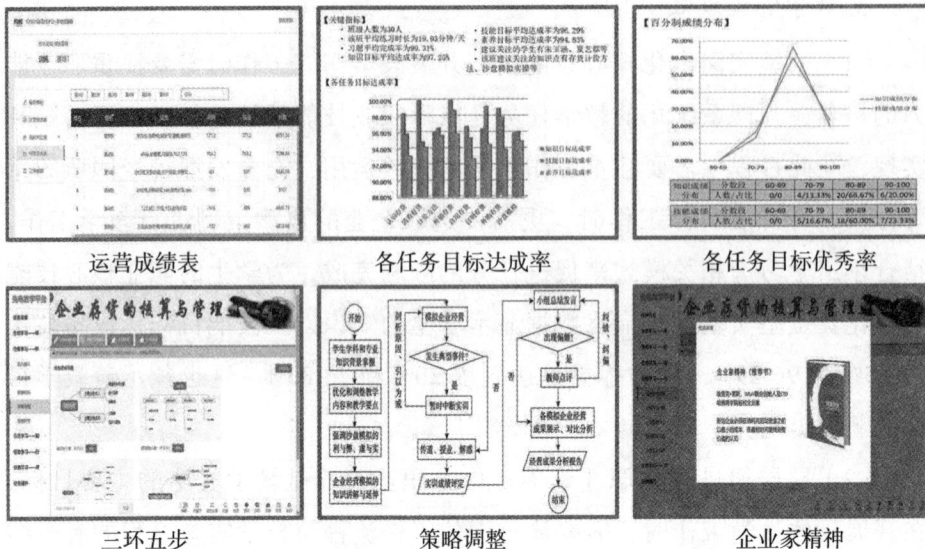

图 5-20　教学实施成效

4. 特色与创新

（1）教学理念创新：业财融合，重构知识体系。

存货知识点内容多且理论知识抽象，易造成学生理解困难、难以掌握、缺乏学习兴趣。结合企业智能财务数字化转型的需求，遵循学生职业技能培养的基本规律，依据中小微企业存货生产服务的真实业务流程，将存货知识点进行模块化分层设计，将不同类型存货收发存的会计核算与存货管理各岗位的工作流程及其职责相结合，将企业生产流程、物资流和资金流以结构化、图形化、虚拟仿真形式可视化，重构知识体系，强化专业知识、技能感性学习和仿真实训，降低专业知识理解难度，提升学生岗位实践能力。

（2）教学模式创新：三环五步教学，优化个性化学习生态。

采用"三环五步"教学模式，将岗位工作流程和教学实施过程有机对接，实现理、虚、实一体化递进式教学。运用多样信息技术、平台、设备及资源，为学生开设个人学习空间，优化学生个性化学习路径，提升学生在信息化环境下的学习能力和实践能力。智能云平台对学生进行智能监督、评价和管理，使学生学习效果可评可测，提高了学习效率和效果。教学中遵循"组内异质、组间同质"的原则来组建学习小组，互帮互助，平衡各组间的水平，模拟企业存货经营业务中各岗位人员的工作，学会分工合作、相互促进，培养团队合作精神和组织协调能力。

5.教学反思与改进

反思本次教学实施过程，发现存在如下两方面的问题，并针对问题，制定了教学改进措施。

（1）课程思政润物无声仍需更加努力。教学过程中虽然针对不同的教学内容和学情有机融入不同的思政教育元素，但思政元素的挖掘、思政素材的融入、思政手段的运用等方面还有待继续提高，思政效果还不尽如人意。今后首先在提升教师政治素养、传统文化素养方面下功夫，其次充分发挥学生智慧和信息化手段，培养学生的学习兴趣和能力、劳动意识和习惯、职业素养和精神，努力实现全员全过程全方位育人。

（2）产教融合有待进一步深入。受合作企业种类、数量、性质等因素影响，学生很难到不同的企业进行真实体验和学习。今后将多渠道加强校企合作，多形式深化产教融合，邀请不同企业的导师全方位参与教学，并充分运用信息化手段，加强全真和仿真教学体验。

五、混合式教学实施框架

（一）确立基于信息化的混合式教学模式，科学进行教学设计

为了保障混合式教学模式工作的顺利开展，所采取的"一平台双主体三阶段"的整体构架，主要包括云教学平台和学生主体，教师主导以及课前平台的自主学习，课中知识的内化学习以及课后平台拓展评价提升这些组成部分。这一教学模式将互联网技术进行了充分的运用，为学生的高质量发展奠定了坚实的基础。三个阶段中每个阶段的具体教学内容和实现途径都互不相同。

（二）校企合作，构建基于信息化的智慧学习生态环境，为实现学生智慧学习提供平台保障

1. 资源组织形式

云端平台的构建，使得课堂知识点能够做到层层铺垫，确保学生在完成相应知识体系的学习之后，能在各自的工作岗位上发挥自身的作用。结合电子教材以及课件等著作内容能够实现颗粒化的整合，保障平台资源是一个有机整体，使得学生的自学效率大幅度提升，对于课程内容的管理也起到了事半功倍的效果。

2. 智慧教学管理

教学管理能够直接凸显 SPOC 理念，教师可在课堂上对学生进行班级和学生的管理、开展催交作业以及调整作业时间等相关操作。例如，教师在对主观题进行评判时，就可以将学生的优秀答案或错误答案进行公示，以引导学生进行辨析。

3. 智慧数据分析

在建模过程中选择在线学习成绩以及知识点掌握情况等作为切入点，对课程内学生的学习数据进行记录并进行科学分析，从而有针对性地提出具体的学习建议。除此之外也可以结合资源组织的相关形式，确保数据分析的高效合理。云端平台还具备极为丰富的功能，例如知识点覆盖分析，进步曲线，班级数据统计，班级排名，班级知识点覆盖分析，平均指标体系，校级、地域、全国数据统计，指标体系对比等功能。

4. 学习过程智慧支持

构建学习社区，在社区可查看其他人参与讨论的内容、平均知识点巩固率信息。在学习社区中可以进行生生互动和师生互动。教师可以通过学习圈子功能了解学生学习过程中遇到的问题，并及时给予学生解答，还可以进行学生个性化学习指导。据此确定课堂上需要解决的疑难问题及其解决方案。

（三）建设数字化教学资源，以促进学生个性化学习和智慧学习，培养学生的专业实践动手能力

坚持校企合作，理实一体化的专业教学原则，打破课程传统的理论学科内容标准，制作课程数字化教学资源。这些资源以颗粒化的微课形式存在，同时又以理实一体化课程标准的工作领域或项目组成体系，以最大限度地满足学生的学习需求和教师的教学需求；还以职业岗位和工作任务进行体系重构，突出专业实践动手能力的培养。微课等教学视频制作必须摆脱传统教学观念和面授模式的影响，对多媒体工具进行合理运用，保障信息技术与课程之间的高效结合，这对于教学质量的提升是极为有效的。不仅如此，在对教学视频进行设计时，也需要控制在 10 分钟以内，最长的时间也需要限制在 15 分钟以内，这样才能让学生保持较高的注意力进行学习。

第六章　研究结论与展望

一、研究结论

（一）"高阶学习效能"与"基于信息化支持的混合式教学"的内涵及混合式教学研究现状

笔者在研究过程中指出，高阶学习效能反映的是学生心理高阶思维的变化过程，与自身的关键能力息息相关。进一步研究也可以发现，高阶学习效能的基本内涵是由高阶思维、关键能力以及学习行为这三个层面共同确定的。基于信息化支持的混合式教学反映的是教师在开展教育教学工作时，将教学设计以及活动等相关内容融入课程教学当中，结合信息化的手段整合成先进的信息化资源，面向几十名学生所构成的行政班级进行的教育工作。这一教学模式能够克服不同学习环境下所导致的学习障碍等相关问题，对于学生系统性知识的构建起到了至关重要的作用。笔者在研究过程中，对于国内主流 MOOC 平台的课程数据进行了整理，从而得出了如下两条结论：①高校混合式教学的学科分布与高校实际学科数量地域分布之间存在显著的相似性；②各高校在开展混合式教学时涉及的学科分布与其现有的学科建设水平存在显著的相似性。

（二）基于信息化支持的混合式教学情境下促进高阶学习效能的因素

笔者在研究过程中结合理论推论与实际调查等相关环节，将基于信息化支持的混合式教学环境下促进高阶学习的影响因素作为切入点进行探索，构筑了各类机制模型，以对各因素的相互作用进行解释。

1. 影响因素

学生对混合式教学方法感知有用、感知易用就能够对混合式教学方法产生信任，感知有用、感知易用与信任正相关。学生信任混合式教学方法，在基于信息化支持的混合式教学情境下，高效学习效能的影响因素主要有学习态度、学习动机、学习兴趣、学习自我感知。信任与学习态度、学习动机、学习兴趣、学习自我感知正相关，学生的学习态度、学习动机、学习兴趣、学习自我感知正向提升，可以提高学生的学习效能。

2. 作用机理

对于数据的验证性因素分析采取的是实证调查的方式，最终获得的结论如下：混合式教学方法在学生学习过程中对于学生感知有用有积极影响，混合式教学方法在学生学习过程中对于学生感知易用有积极影响，学生感知混合式教学方法有用在学生对于混合式教学方法信任方面有积极影响，学生感知混合式教学方法易用在学生对于混合式教学方法信任方面有积极影响，学生对于混合式教学方法信任在学生学习态度方面有积极影响，学生对于混合式教学方法信任在学生学习兴趣方面有积极影响，学生对于混合式教学方法信任在学生学习自我感知方面有积极影响，学生对于混合式教学方法信任在学生学习动机方面有积极影响，学生学习兴趣提高对于学生学习效能有积极影响，学生学习态度积极转变对于学生学习效能有积极影响，学生学习自我感知提升对于学生学习效能有积极影响，学生学习动机增强对于学生学习效能有积极影响。

（三）基于信息化支持的混合式教学策略能够促进学生高阶学习效能的提升

本研究依托企业财务相关课程开展了教学实践研究，设计了旨在促进大学生高阶学习效能提升的混合式教学模式，并且在实践工作中加以实施。企业财务会计专业课程采用混合式教学模式的实验研究表明：一是对 SPOC 私有云教学平台的使用是学生和教师乐于接受的；二是依托本项目研究设计的基于 SPOC 教学平台的相关专业混合式教学模式提供的学习方式令学生满意，可以激发学生学习兴趣，使学生维持一定的学习动机，学习态度良好；三是混合式学习模式带给学生的认知负荷相对较小，适合学生的学习认知特点；四是专业课程教学采用基于 SPOC 教学平台的混合式教学模式教学效果相对较好，可以在一定程度上提高学生成绩。"企业财务相关"是相关专业的一门专业核心课程。"企业存货的核算与管理"节选自此课程，本教学设计落实立德树人根本任务，根据专业培养目标，结合企业相关岗位的工作实际，在财务云智能技术应用大背景下，要求学生在了解企业存货管理的基础上，以存货的原始凭证、记账凭证、账簿为载体，掌握存货核算内容、核算程序和账务处理方法，能够依据财经法规和制度的要求，利用大数据技术进行简单的财务分析和应用，从而提高相关职业判断和沟通协调能力，并为后续学习专业方向课程做前期准备。整个教学设计基于工作岗位需要和职业标准，将企业业务与财务进行深度融合，在教学中融入劳动精神、法规意识，通过产教融合、校企合作，强化创新思维和精益求精的工匠精神，促进学生"诚信为本、操守为重、遵循准则、不做假账"的专业品格的养成，培养适应现代智能型财务工作需要的技术技能型人才。

（四）基于信息化支持的混合式教学有效促进高阶学习效能框架设计

笔者在研究过程中充分总结了教学设计以及实践过程中的各类成功经验，通过构筑课堂教学实践框架来保障基于信息化支持的混合式教学工作能够拥有更加科学的发展前景。所设计的框架涵盖了关联知识学习以及关联学习任务等10多个教学步骤。笔者在研究过程中更是结合"企业财务相关"课程，对对照实验进行设计，选择了教学框架作为自变量，为了对该模型的有效性进行验证，将课堂中学生教学综合实践项目的具体表现作为切入点。

（五）基于信息化支持的混合式教学在实践方面效果显著

1.基于信息化支持的混合式教学转变了师生的教育教学理念，以学生"学习为中心""个性化学习"和培养学生"创造性思维、创新能力和探究实践能力"为核心的新的职业教育教学理念根植于师生心中，并在教学中大力实践，学生专业学习兴趣、主动性有一定提高，专业实践动手能力增强。

2.实验结果表明，新的教学模式在一定情况下能够显著提高学生的学习成绩和参与度。新的教学模式能够更好地激发学生的学习兴趣，提高他们的学习动力，并促进他们思维能力和创新能力的发展。这表明新的教学模式具有一定的教育价值，可以作为教育改革的一个重要方向。但需要进一步研究其具体的实施策略和适用范围。

3.项目研究的实施，保障了教师的信息化教学能力和水平的充分提升，教师在校内外的与信息化教学有关的各类比赛当中，都获得了高度的认可，取得了诸多荣誉。

4.项目研究的实施建设了一批课程信息化教学资源，提高了教师信息化课程资源建设能力。数字化教学资源以微课形式打破原有学科知识体系独立存在，促进了跨学科、跨学段、跨年级之间知识的融合和交流，使学生在任何时间、任何地点都能够获取学习资料，并根据自己的学习进度进行自主学习。其还提供了多种多样的学习形式，例如视频、音频、动画等，丰富了学习方式和体验。学生通过观看微课视频等，可以更加直观地理解学习内容，提高学习效果。教师能够依托数字化教学资源进行课堂教学，提供更加丰富的教学内容和实例，拓宽学生的视野，提高学生的学习兴趣。教师还可以通过数字化教学资源进行课后作业和练习的布置和批改。数字化教学资源的建设和使用，有助于提高教师的信息化水平和教学质量，培养学生的信息化素养，促进教育教学的现代化发展。同时，数字化教学资源也为学生提供了更加便捷、多样化、生动化的学习方式和内容，提升了学习效果和学习体验。

二、展望

（一）要进一步关注信息化建设与应用，校企合作，共建智慧教学平台

初步构建基于云学习的智慧学习生态环境，为实现学生智慧学习提供平台保障。云学习平台主要是满足校内线上教学与传统教学的优势互补，实现中职相关专业教学模式改革的需求，借助互联网和大数据技术优势，实现智慧教学。教师能够对网络课程进行创建和发布等相关工作，学生可

以运用这一平台进行自主学习，或者交流互动等，也能够对学习的相关信息进行记录，并构筑曲线进行分析，获得科学的评价报告。与传统课堂完美融合，支持纯在线学习和混合式教学。支持 PC、手机、平板等设备。可在 Windows、安卓和 iOS 等平台上使用。

1. 平台资源组织形式

教学资源按照不同的学科、学年、教材等分类组织。学生可以根据自己的需求，选择所需的分类目录，查找相关的教学资源。智慧教学平台为每个教学资源添加相应的标签，如主题、难度、类型等。学生可以根据标签进行搜索，快速找到符合自己需要的资源。智慧教学平台可以根据学生的学科成绩、学习行为等数据进行分析，提供个性化的推荐内容。通过智能搜索技术，智慧教学平台可提供全文检索功能。学生可以通过关键词搜索，快速找到相关的资源。搜索结果可以按照相关度、时间等进行排序，提高学生的检索效率。学生可以根据自己的需求，创建文件夹并进行资源的管理。这样可以方便学生对教学资源进行整理、归类和保存。

2. 智慧教学管理方式

在云学习平台当中，SPOC 的理念能够通过教学管理直接凸显。教师可以利用平台和学习管理系统进行学生信息管理和课程管理。教师可以通过在线教育平台发布课程信息和学习资源。学生的学习数据和表现可以被在线教育平台记录和分析，教师可以对学生的学习情况进行定量评估和个性化辅导。智能辅助教学工具和虚拟实验室可支持教学活动，大数据分析和人工智能技术可对学生学习情况进行监控和评估，提供个性化学习和自主学习支持。

3. 进行智慧数据分析

在建模过程中，结合资源组织方式，保障数据分析的高效合理，收集学生的在线学习成绩和知识点掌握情况等数据，对收集到的数据进行预处理，根据收集到的数据进行分析，找出学生学习中存在的问题和需要改进的方面。根据学生的在线学习成绩和知识点掌握情况等数据，给出针对性的学习意见。通过良好的数据组织和管理，可以提高数据分析的效率和合理性。同时，还可以利用数据可视化工具将分析结果可视化，便于教师和学生理解和应用分析结果。建立学生成绩和知识点掌握情况的关联模型，可以更好地揭示学生学习的规律和特点。

4. 支持智慧学习过程

培养学生的批判思维、问题解决能力和创新能力，使其更深入地理解知识，提升学习效果。注重培养学生的自主学习和合作学习能力，提升终身学习的动力和能力，鼓励学生独立思考、提出问题和解决问题，培养创新精神和创造力。培养学生的灵活性和适应能力，让他们能够适应不同变的环境和需求，强调积极参与和自主学习，让学生能够在学习中产生兴趣和乐趣，提高学习动力。

（二）在混合式教学方法的基础上，促进学生个性化学习和智慧学习

培养学生的专业实践动手能力，建设"理实一体化"的专业课程标准和基于云教学平台的数字化教学资源。

坚持校企合作，理实一体化的专业教学原则，打破传统的理论学科内容标准，构建基于职业岗位和工作任务的专业课程新标准。在传统教学模式下，教师通常先进行专业理论讲授，然后再进行专业实践训练，理论课程和实训课程是分离的两门课。随着信息化技术的发展，尤其是虚拟仿真系统、新的电子视听设备（如 VR）的出现，为教师在新的信息化技术环境和虚拟仿真系统中进行"理实一体化"教学提供了有力的支撑。

将混合式教学模式应用在各专业课堂教学中，促进其推广，积极使用移动互联和大数据技术，搭建智慧学习平台（基于 SPOC 理念），采用正面引导和必要监督、线上线下和课堂内外相互结合的方式，培养学生在信息化技术环境下的学习能力和创新能力。运用混合式教学模式把构建主义学习理论，用到各专业课程的教学实践中，找到帮助学困生的有效途径，提高各专业人才培养质量。

参考文献

[1] 黄瑞. 新零售消费购买决策意愿：基于 TAM 模型研究 [J]. 武汉商学院学报，2020，34（3）：34-39.

[2] OKUMUS B，ALI F，BILGIHAN A，et al. Psychological factors influencing customers' acceptance of smartphone diet apps when ordering food at restaurants [J]. International journal of hospitality management，2018，72：67-77.

[3] JOO Y J，LEE H W，HAM Y. Integrating user interface and personal innovativeness into the TAM for mobile learning in cyber university [J]. Journal of computing in higher education，2014，26（2）：143-158.

[4] LEE Y H，HSIEH Y C，HSU C N. Adding innovation diffusion theory to the technology acceptance model：supporting employees' intentions to use e-learning systems[J]. Educational technology & society，2011，14（4）：124-137.

[5] 吴利明，张慧，杨秀丹. 基于 TAM 与 TTF 模型构建高校教师信息使用行为影响模型 [J]. 情报理论与实践，2011，34（5）：78-81，109.

[6] 刘梅. 高校教师混合式学习接受度的影响因素研究：基于创新扩散的视角 [J]. 现代教育技术，2018，28（2）：54-60.

[7] CHAUHAN J，GOEL A. Feature-based analysis of social networking and collaboration in MOOC[J]. International journal of distance education technologies，2020，18（2）：34-51.

[8] 教育部. 教育部关于加强高等学校在线开放课程建设应用与管理的意见 [EB/OL].（2015-04-28）.http://www.gov.cn/xinwen/2015-04-28/content_2854088. htm? gs_ws=weixin_635685176815068295&fr.

[9] 教育部. 教育信息化十年发展规划（2011—2020 年）[EB/OL].（2012-03-13）. http://www.moe.gov.cn/srcsite/A16/s3342/201203/t20120313_133322.html.

[10] 教育部 . 教育部关于印发《教育信息化"十三五"规划》的通知 [EB/OL].（2016-06-07）. http://www.moe.gov.cn/srcsite/A16/s3342/201606/t20160622_269367.html.

[11] 何克抗 .e-Learning 的本质：信息技术与学科课程的整合 [J]. 电化教育研究，2002（1）：3-6.

[12] 何克抗 . 从 Blending Learning 看教育技术理论的新发展（上）[J]. 电化教育研究，2004（3）：1-6.

[13] 李克东，赵建华 . 混合学习的原理与应用模式 [J]. 电化教育研究，2004（7）：1-6.

[14] 程艳敏 . 高校网络互动教学的困难与对策 [J]. 学理论，2011（31）：181-182.

[15] 刘野 . 互动教学内涵及实施策略 [J]. 天津市教科院学报，2011（3）：11-13.

[16] 郝爱文 . 高职院校会计专业教学模式创新研究 [J]. 辽宁高职学报，2011，13（12）：51-53，56.

[17] 梁乐明，曹俏俏，张宝辉 . 微课程设计模式研究：基于国内外微课程的对比分析 [J]. 开放教育研究，2013，19（1）：65-73.

[18] 周成银，任丽杰，孙佳 . 中等职业技术教育学校会计专业教学问题与对策 [J]. 重庆电子工程职业学院学报，2013，22（2）：145-147.

[19] 金慧娟 . 高职院校财会专业课程资源开发的研究 [J]. 商业会计，2013（18）：123-124.

[20] 陈亚峰，马连志，乔海霞 .MOOC 环境下的中职混合教学模式研究 [J]. 职业教育研究，2014（11）：167-169.

[21] 徐国庆 . 职业教育教学资源库开发：问题、原理与方法 [J]. 泰州职业技术学院学报，2015，15（2）：1-7.

[22] 陶军，王雍铮 . 美国社区教育智库影响力：来自社区学院协会的启示 [J]. 现代远程教育研究，2015（6）：55-61.

[23] 曹文莹 . 信息化背景下中职会计教学模式的改革 [J]. 当代职业教育，2014（7）：49-51.

[24] 吕静静 . 开放大学混合式教学新内涵探究：基于 SPOC 的启示 [J]. 远程教育杂志，2015（3）：72-81.

[25] 容梅，彭雪红.翻转课堂的历史、现状及实践策略探析 [J].中国电化教育，2015（7）：108-115.

[26] 王朋娇，段婷婷，蔡宇南，等.基于 SPOC 的翻转课堂教学设计模式在开放大学中的应用研究 [J].中国电化教育，2015（12）：79-86.

[27] FOX A. From MOOCs to SPOCs[J].Communications of the ACM，2013，56（12）：38-40.

[28] STRACKE M C，DOWNES S，CONOLE G，et al.Are MOOCs open educational resources? a literature review on history, definitions and typologies of OER and MOOCs[J].Open praxis，2019，11（4）：331-341.

[29] 王凯.传统课堂教学的内蕴及其技术突破 [J].课程·教材·教法，2017，37（11）：101-107.

[30] 王文静.中国教学模式改革的实践探索："学为导向"综合型课堂教学模式 [J].北京师范大学学报（社会科学版），2012（1）：18-24.

[31] 杨滨.网络学习空间教学应用方法与策略研究：网络学习空间人人通促进教与学深度变革实践反思之四 [J]. 电化教育研究，2018，39（10）：68-74.

[32] 杨南昌，李嘉.基于视频论文创作的深度学习：BYOD 环境下课堂教学的应用探究 [J].电化教育研究，2018，39（12）：85-93.

[33] 崔京菁，马宁，余胜泉.基于知识图谱的翻转课堂教学模式及其应用：以小学语文古诗词教学为例 [J].现代教育技术，2018，28（7）：44-50.

[34] 尹玮，张凯.认知心理视阈下的大学英语翻转课堂理论溯源及启示 [J].中国海洋大学学报（社会科学版），2017（4）：115-122.

[35] 丁永刚，金梦甜，张馨，等.基于 SPOC 的翻转课堂 2.0 教学模式设计与实施路径 [J].中国电化教育，2017（6）：95-101.

[36] 石小岑，李曼丽.国际 MOOC 研究热点与趋势：基于 2013—2015 年文献的 Citespace 可视化分析 [J].开放教育研究，2016（1）：90-99.

[37] 国务院学位委员会，教育部.学位授予和人才培养学科目录（2011 年）[EB/OL].（2011-03-08）.http://www.moe.gov.cn/srcsite/A22/moe_833/201103/t20110308_116439.html.

[38] BRANSFORD J D，BROWN A L，COCKING R R. How people learn: brain, mind, experience, and school[M]. Expanded Edition. Washington DC：National Academy Press，2000.

[39] 罗映红.高校混合式教学模式构建与实践探索 [J].高教探索，2019（12）：48-55.

[40] MAZUR E. Can we teach computers to teach?[J]. Computers in physics，1991，5（1）：31-38.

[41] BAKER J W. The classroom flip：using web course management tools to become the guide by the side[C]//CHAMBERS J A. Selected papers from the 11th international conference on college teaching and learning. Florida：Florida Community Coll. Jacksonville，2000：3-9.

[42] 张旸，蒙泽察."导学案教学"与"翻转课堂"的价值、限度与共生 [J].全球教育展望，2013，42（7）：10-17，94.

[43] 伯格曼，萨姆斯.翻转课堂与慕课教学：一场正在到来的教育变革 [M].宋伟，译.北京：中国青年出版社，2015：11.

[44] 饶彬，金黎希，王怡.翻转课堂研究若干问题述评 [J].教育理论与实践，2018，38（27）：49-51.

[45] 祝智庭."后慕课"时期的在线学习新样式 [N].中国教育报，2014-05-21（11）.

[46] 贺斌，曹阳.SPOC：基于 MOOC 的教学流程创新 [J].中国电化教育，2015（3）：22-29.

[47] Wikepedia. Small private online course[EB/OL].（2014-07-10）. http://en.wikipedia.org/wiki/Sma-ll_private_online_course.

[48] HOFFMANN R. MOOCs-Best practices and worst challenges[EB/OL].（2014-06-10）. http://www.aca-secretariat.be/fileadmin/aca_docs/images/members/Rolf_Hoffmann.pdf.

[49] 曾明星，李桂平，周清平，等.从 MOOC 到 SPOC：一种深度学习模式建构 [J].中国电化教育，2015（11）：28-34，53.

[50] ICEF Monitor. Are we really enter into post-Mooc era?[EB/OL].（2013-11-12）. http://monitor.icef.com/2013/11/are-we-already-entering-a-post-mooc-era/.

[51] BAVOLAR J. Validation of the adult decision-making competence in slovak students[J].Judgment and decision making，2013，8（3）：386-392.

[52] 关中客.微课程 [J].中国信息技术教育，2011（17）：14.

[53] 梁乐明，曹俏俏，张宝辉．微课程设计模式研究：基于国内外微课程的对比分析 [J].开放教育研究，2013，19（1）：65-73.

[54] Open Education. Online education-introducing the microlecture format[EB/OL].（2009-03-08）. http://www.openedu-cation.net/2009/03/08/online-education-introducing-the-microlecture-format/.

[55] GARRISON D R，KANUKA H. Blended learning：uncoveringits transformative potential in higher education[J]. Internet and higher education，2004，7（2）：95-105.

[56] KOKIS J V，MACPHERSON R，TOPLAK M E，et al. Heuristic and analytic processing: age trends and associations with cognitive ability and cognitive styles[J].Journal of experimental child psychology，2002，83（1）：26-52.

[57] GRAHAM C R. Blended learning systems: definition, current trends, and future directions[M]//BONK C J, GRAHAM C R. Handbook of blended learning: global perspectives, local designs. San Francisco: Pfeiffer Publishing, 2006：3-21.

[58] 何克抗．从 Blending Learning 看教育技术理论的新发展 [J].国家行政学院学报，2005（9）：37-48，79.

[59] 黄荣怀，马丁，郑兰琴，等．基于混合式学习的课程设计理论 [J].电化教育研究，2009（1）：9-14.

[60] 周红春．基于 Blackboard 学习平台的混合学习模式的探索与实践 [J].电化教育研究，2011（2）：87-91，98.

[61] 于洪涛．高等学校混合式教学改革效果评价案例研究：以内蒙古民族大学为例 [J].中国电化教育，2017（11）：129-133.

[62] 余胜泉，路秋丽，陈声健．网络环境下的混合式教学：一种新的教学模式 [J].中国大学教学，2005（10）：50-56.

[63] STROUD N J. Polarization and partisan selective exposure[J]. Journal of communication，2010，60（3）：556-576.

[64] 马秀麟，苏幼园，梁静．移动学习环境中注意力保持及学习行为控制模型的研究 [J].远程教育杂志，2018，36（2）：56-66.

[65] 王竹立．在线开放课程：内涵、模式、设计与建设——兼及智能时代在线开放课程建设的思考 [J].远程教育杂志，2018，36（4）：69-78.

[66] 谢舒潇，杨七平，陈毓超，等．多校区同步翻转课堂教学模式构建与应用 [J]. 高教探索，2018（9）：37-43.

[67] 王守宏，刘金玲，付文平．"慕课"背景下以内容为依托的大学英语 ESP 教学模式研究 [J]. 中国电化教育，2015（4）：97-101，120.

[68] 苏仰娜，黄映玲．基于交互式实验模拟软件的翻转课堂模式设计与应用：以"虚拟多媒体教学系统"为例 [J]. 中国电化教育，2015（10）：60-67.

[69] 朱琳，史仁坤．MOOC 课程《数学之旅》的教学实践与探索 [J]. 数学教育学报，2015，24（6）：51-56.

[70] 廖宏建，胡宜安，蔡忠兵．校本 SPOC 课程的开发与应用探究：以"生死学"课程为例 [J]. 现代教育技术，2016，26（10）：93-99.

[71] 徐小凤，王祖源，张睿．基于 SPOC 的大学物理课程实践效果研究：以同济大学的物理课程为例 [J]. 现代教育技术，2016，26（3）：87-93.

[72] 周朝晖，张弢，许涛，等．同济大学"高等数学"SPOC 开发与应用探索 [J]. 中国大学教学，2016（7）：52-56，65.

[73] FOX A. From MOOCs to SPOCs：curricular technology transfer for the 21st century[J]. Ubiquity，2014（6）：5-13.

[74] 何克抗．从"翻转课堂"的本质，看"翻转课堂"在我国的未来发展 [J]. 电化教育研究，2014，35（7）：5-15.

[75] 文静．大学生学习满意度：高等教育质量评判的原点 [J]. 教育研究，2015（1）：75-80.

[76] 上超望，韩梦，杨梅．基于大数据的在线学习过程性评价设计研究 [J]. 现代教育技术，2018，28（10）：94-99.

[77] 葛子刚，杨丽华，马焕新．割裂还是融合？自适应学习系统设计对于学习风格和认知风格考量的研究现状述评 [J]. 中国远程教育，2018（3）：62-69.

[78] 阮士桂，郑燕林．可视化工具支持的翻转课堂面授教学：以"教育传播学"课程为例 [J]. 现代教育技术，2017，27（1）：101-107.

[79] 高记，吴遐，许长勇．基于关联主义 MOOC 的翻转课堂教学模式构建与应用 [J]. 中国电化教育，2018（10）：101-106.

[80] 陈子超．基于微课和慕课的翻转课堂教学设计研究 [J]. 中国电化教育，2017（9）：130-134.

[81] 陈传涤，周威．大学羽毛球"慕课＋翻转课堂"教学模式的构建与应用 [J]. 体育学刊，2017，24（5）：98-101.

[82] 赵明. 计算机图形学"MOOC+ 翻转课堂"教学实践及效果 [J]. 高教探索，2016（增刊 1）：54–55.

[83] 王济军. 基于 SPOC 的翻转课堂教学模式及其效果研究：以"摄影基础"为例 [J]. 现代远距离教育，2018（1）：44–49.

[84] 柳春艳，傅钢善. 基础教育 SPOC 式翻转课堂应用路径在贫困地区的实践研究 [J]. 电化教育研究，2018，39（6）：107–113.

[85] 方旭，高若宇. 基于 SPOC 的翻转课堂教学应用：以"绩效技术导论"课程为例 [J]. 现代教育技术，2016，26（9）：86–92.

[86] 王玲，王杨，郑津. 创新地方高校 MOOC 教学模式的探索与实践：以西南石油大学"大学计算机基础"混合式教学改革为例 [J]. 中国大学教学，2016（12）：59–64.

[87] 王朋娇，段婷婷，蔡宇南，等. 基于 SPOC 的翻转课堂教学设计模式在开放大学中的应用研究 [J]. 中国电化教育，2015（12）：79–86.

[88] 李彦敏. 慕课与课堂教学融合的行动研究：以高校"现代教育技术"公共课为例 [J]. 现代教育技术，2017，27（9）：93–99.

[89] 杨鑫，王大维，王宇新，等. 互补 MOOC 的主动式课堂建设方法探究 [J]. 现代教育技术，2017，27（1）：115–120.

[90] 杨芳，张欢瑞，张文霞. 基于 MOOC 与雨课堂的混合式教学初探：以"生活英语听说"MOOC 与雨课堂的教学实践为例 [J]. 现代教育技术，2017，27（5）：33–39.

[91] 马红亮，袁莉，白雪梅，等. 基于 MOOC 的中外合作混合教学实践创新 [J]. 开放教育研究，2016，22（5）：68–75.

[92] 洪学婷，张宏梅，张业臣. Airbnb 平台的使用意愿与使用行为：对技术接受模型的扩展 [J]. 地域研究与开发，2021，40（4）：91–95，117.

[93] 朱万侠，黄红涛，李肖霞. 农村薄弱校教师"同步互动混合课堂"接受度的调查与分析 [J]. 电化教育研究，2018，39（6）：67–74，106.

[94] 刘喆，林天伦. 教育实践工作坊的构建与应用研究 [J]. 中国大学教学，2017（7）：81–85.

附 录

附录1　学生高阶思维能力评价量表

问题解决能力部分。

请阅读以下问题，选择最符合您的选项，并将对应的数字填写到答题卡上。

"非常同意"=6；　"同意"=5；　"有点同意"=4；

"不太同意"=3；　"不同意"=2；　"非常不同意"=1

1. 我在解决问题时经常能想出富有创意且高效的解决方案
2. 我在解决问题时对自己所做出的决定非常满意
3. 当我为解决问题做计划时，大多数情况下计划能起作用
4. 我有信心处理不太常见的特殊问题
5. 我对自己解决新问题和困难问题的能力充满自信
6. 做出决定后，我预期的结果和实际的结果通常是匹配的
7. 当我意识到我遇到问题时，我要做的第一件事是试图找到问题的本质
8. 当一个问题的解决方案不起作用时，我不去探究原因
9. 当我面对一个复杂问题，我不会制定精确定义问题的信息收集策略
10. 当面对一个问题时，在进行下一步之前我会停下来思考这个问题
11. 我尝试预测实施一系列行为的整体结果

12. 当我试图考虑问题可能的解决方案时，我想不出来太多方法
13. 当面对一个问题时，我不经常考虑环境中哪些外部条件对我解决问题有帮助
14. 有时候我不会停下来花时间反思我遇到的问题，而是蒙混过关
15. 即使我解决了一个问题，有时候我觉得自己仍然迷茫，好像并没有解决实际问题

批判性思维能力部分。

请阅读以下问题，选择最符合您的选项，并将对应的数字填写到答题卡上。

"非常同意"=6； "同意"=5； "有点同意"=4；

"不太同意"=3； "不同意"=2； "非常不同意"=1

1. 对某件事如果有四个理由赞同，而只有一个理由反对，我会选择赞同这件事
2. 即使有证据与我的想法不符，我都会坚持我的想法
3. 当我表达自己的意见时，要保持客观是不可能的
4. 我只会寻找一些支持我看法的事实，而不会去找一些反对我看法的事实
5. 我不知道应该用什么标准来衡量绝大部分问题
6. 我的信念都必须有依据支持
7. 我可以算是个有逻辑的人
8. 我善于有条理地处理问题
9. 我并不是一个很有逻辑的人，但却常常装作有逻辑
10. 要知道哪一个是较好的解决方法，是不可能的
11. 我总会先分析问题的重点所在，然后才解答它
12. 我很容易整理自己的思维
13. 我善于策划一个有系统的计划去解决复杂的问题
14. 我经常反复思考在实践和经验中的对与错
15. 人们认为我做决定时犹豫不决

16. 我欣赏自己拥有精确的思维能力
17. 需要思考而非全凭记忆作答的测验较适合我
18. 我的好奇心和求知欲受到别人欣赏
19. 面对问题时，因为我能做出客观的分析，所以我的同辈会找我做决定
20. 做决定时，其他人期待我制定适当的准则做指引
21. 当面对一个重要抉择时，我会先尽力搜集一切有关的资料
22. 解决难题是富有趣味性的
23. 我喜欢找出事物是如何运作的
24. 我会尽量学习每一样东西，即使我不知道它们何时有用
25. 学校里大部分的课程是枯燥无味的，不值得去选修
26. 最好的论点，往往来自对某个问题的瞬间感觉
27. 所谓真相，不外乎个人的看法
28. 如果可能的话，我会尽量避免阅读
29. 对我自己所相信的事，我是坚信不疑的
30. 解决难题的最好方法是向别人问取答案

创造能力部分。

请阅读以下问题，在每一句话后面，用一个字母表示你同意或不同意：

（1）同意的用 A，不同意的用 C，拿不准或不知道的用 B；

（2）回答必须准确，忠实，不要猜测。

1. 我不做盲目的事，总是有的放矢，用正确的步骤解决每一个具体问题
2. 我认为，只提出问题而不想获得答案，无疑是浪费时间
3. 无论什么事情，要我发生兴趣，总比别人困难
4. 我认为，合乎逻辑的 . 循序渐进的方法，是解决问题的最好方法

5. 有时，我在小组里发表的意见，似乎使一些人感到厌烦
6. 我花费大量时间来考虑别人是怎样看待我的
7. 做自认为是正确的事情，比力求博得别人的赞同要重要得多
8. 我不尊重那些做事似乎没有把握的人
9. 我需要的刺激和兴趣比别人多
10. 我知道如何在考验面前，保持自己的内心镇静
11. 我能坚持很长一段时间解决难题
12. 有时我对事情过于热心
13. 在无事可做时，我倒常常想出好主意
14. 在解决问题时，我常常单凭直觉来判断"正确"或"错误"
15. 在解决问题时，我分析问题较快，而综合收集资料较慢
16. 有时我打破常规去做我原来并未想到要做的事
17. 我有收藏癖
18. 幻想促进了我许多重要计划的提出
19. 我喜欢客观而又理性的人
20. 如果要我在本职工作之外的两种职业中选择一种，我宁愿当一个实际工作者，而不当探索者
21. 我能与自己的同事或同行很好地相处
22. 我有较高的审美感
23. 在我的一生中，我一直在追求着名利和地位
24. 我喜欢坚信自己的结论的人
25. 灵感与获得成功无关
26. 争论时，使我感到最高兴的是，原来与我观点不一的人变成了我的朋友
27. 我更大的兴趣在于提出新的建议，而不在于设法说服别人接受这些建议
28. 我乐意独自一人整天"深思熟虑"
29. 我往往避免做那种使我感到低下的工作

30. 在评价资料时，我觉得资料的来源比其内容更为重要
31. 我不满意那些不确定和不可预言的事
32. 我喜欢一门心思苦干的人
33. 一个人的自尊比得到他人敬慕更为重要
34. 我觉得那些力求完美的人是不明智的
35. 我宁愿和大家一起努力工作，而不愿意单独工作
36. 我喜欢那种对别人产生影响的工作
37. 在生活中，我经常碰到不能用"正确"或"错误"来加以判断的问题
38. 对我来说，"各得其所""各在其位"是很重要的
39. 那些使用古怪和不常用的词语的作家，纯粹是为了炫耀自己
40. 许多人之所以感到苦恼，是因为他们把事情看得太认真了
41. 即使遭到不幸.挫折和反对，我仍然能够对我的工作，保持原来的精神状态和热情
42. 想入非非的人是不切实际的
43. 我对"我不知道的事"比"我知道的事"印象更深刻
44. 我对"这可能是什么"比"这是什么"更感兴趣
45. 我经常为自己在无意之中说话伤人而闷闷不乐
46. 纵使没有报答，我也乐意为新颖的想法花费大量时间
47. 我认为，"出主意无甚了不起"这种说法是中肯的
48. 我不喜欢提出那种显得无知的问题
49. 一旦任务在肩，即使受到挫折，我也要坚决完成之

50. 从下面描述人物性格的形容词中，挑选出 10 个你认为最能说明你性格的词，在对应词语上打"√"：

精神饱满的 有说服力的 实事求是的 虚心的 观察力敏锐的 谨慎的 束手束脚的
足智多谋的 自高自大的 有主见的 有献身精神的 有独创性的 性急的 高效的
乐意助人的 坚强的 老练的 有克制力的 热情的 时髦的 自信的 不屈不挠的
有远见的 机灵的 好奇的 有组织力的 铁石心肠的 思路清晰的 脾气温顺的
可预言的 拘泥形式的 不拘礼节的 有理解力的 有朝气的 严于律己的 精干的
讲实惠的 嗅觉灵敏的 无畏的 严格的 一丝不苟的 谦逊的 复杂的 漫不经心的
柔顺的 创新的 实干的 泰然自若的 渴求知识的 好交际的 善良的 孤独的
不满足的 易动感情的

决策能力部分。

下面的问题将问到你是否可以接受在特定情境下的一些行为。对于每一个问题，请按照你的意见来回答"是"或者"不是"，请在答题纸上填写。若是选择"是"，填写"√"，若是选择"不是"，填写"×"。

1. 你是否认为在某种特殊情况下，偷窃是可以接受的
2. 你是否认为在某些时候，吸烟是可以接受的
3. 你是否认为将街道捡到东西据为己有，有时是可以接受的
4. 你是否认为酒后驾驶，有时是可以接受的
5. 你是否认为通过争吵的方式来解决矛盾，有时是可以接受的
6. 你是否认为看到犯罪而没报警，有时是可以接受的

评价量表题目均来自心理学测量工具。问题解决能力部分出自问题解决量表（PSI）；批判性思维能力部分出自"加利福尼亚批判性思维倾向问卷"；创造能力部分出自尤金创造力测试；决策能力部分出自"成人决策能力问卷"（A-DMC）。

附录2 学生学习满意度调查问卷

亲爱的同学您好！感谢您接受本次调查和访谈，您的反馈对我完成研究任务十分重要，谢谢配合。请您回忆课堂上的情形，认真作答。

1.您的性别是：A. 男性　B. 女性

2.您自主讲人将信息化资源推荐给您之后，您观看的次数是

A. 没看过　B.1～2次　C.2～5次　D.5～10次　E.10次以上

3.您在主讲人将文献材料推荐给您之后，您观看每个文献材料的平均次数是

A. 没看过　B.1～2次　C.2～5次　D.5～10次　E.10次以上

下面的问题均为李克特量表，您需要从以下五个选项中选择最符合您情况的一个选项：

A. 不赞同　B. 不太赞同　C. 不置可否　D. 比较赞同　E. 赞同

1.您对以下观点"课前学习信息化资源对您学习人工智能技术有帮助"的态度是

2.您对以下观点"课前学习信息化资源提高了您的学习效率"的态度是

3.您对以下观点"课前学习信息化资源的效果缺乏反馈"的态度是

4.您对以下观点"课前主讲人推荐的文献材料对您学习人工智能技术有帮助"的态度是

5.您对以下观点"主讲人推荐的文献材料提升了您的学习效率"的态度是

6.您对以下观点"缺乏对您观看主讲人推荐的文献材料的反馈"的态度是

7.您对以下观点"主讲人开发的 App 对您学习人工智能技术有帮助"的态度是

8.您对以下观点"主讲人开发的 App 提高了您的学习效率"的态度是

9. 您对以下观点"主讲人开发的 App 容易操作"的态度是

10. 您对以下观点"主讲人开发的 App 缺乏对于您使用过程的反馈"的态度是

11. 您对以下观点"主讲人在课上讨论内容对您学习人工智能技术有帮助"的态度是

12. 您对以下观点"主讲人在课上讨论内容提高了您的学习效率"的态度是

13. 您对以下观点"主讲人在课上讨论内容缺乏反馈"的态度是

14. 您对以下观点"主讲人课上提出的问题对您人工智能技术的学习有帮助"的态度是

15. 您对以下观点"主讲人课上提出的问题提升了您的学习效率"的态度是

16. 您对以下观点"缺乏您回答主讲人课上提出问题的反馈"的态度是

17. 您对以下观点"主讲人课上采用的答题互动技术（扫码法）对您人工智能的学习有帮助"的态度是

18. 您对以下观点"主讲人课上采用的答题互动技术（扫码法）提升了您的学习效率"的态度是

19. 您对以下观点"主讲人课上采用的答题互动技术（扫码法）对您来说易于操作"的态度是

20. 您对以下观点"主讲人课上采用的翻转课堂技术对您人工智能的学习有帮助"的态度是

21. 您对以下观点"主讲人课上采用的翻转课堂技术提高了您的学习效率"的态度是

22. 您对以下观点"主讲人课上采用的翻转课堂技术缺乏反馈"的态度是

23. 您对以下观点"主讲人课上采用的照片同步技术对您人工智能技术的学习有帮助"的态度是

24. 您对以下观点"主讲人课上采用的照片同步技术提升了您的学习效率"的态度是

25. 您对以下观点"主讲人课上采用的照片同步技术易于您的操作"的态度是

26. 您对以下观点"主讲人课上采用的微视频技术对您人工智能技术的学习有帮助"的态度是

27. 您对以下观点"主讲人课上采用的微视频技术提升了您的学习效率"的态度是

28. 您对以下观点"缺乏对您观看主讲人课上播放微视频的反馈"的态度是

下面的问题均为李克特量表，您需要从以下五个选项中选择最符合您情况的一个选项：

A. 不感兴趣　B. 不太感兴趣　C. 中立　D. 比较感兴趣　E. 感兴趣

1. 您在完全没有接触本节课的内容之前，对人工智能技术的态度是

2. 在您观看完课前 MOOC 视频后，您对人工智能技术的态度是

3. 在您研读完主讲人推荐给您的文献材料后，您对人工智能技术的态度是

4. 在您上完主讲人的课程后，您对人工智能技术的态度是

附录3　学生满意度调查问卷

亲爱的同学您好！感谢您接受本次调查和访谈，您的反馈对我完成研究任务十分重要，谢谢配合。请您回忆课堂上的情形，认真作答。

1. 您的性别是：A. 男性　B. 女性

2. 您在学习企业财务相关这门课程之前对该门课程知识的学习态度是

A. 非常感兴趣　B. 比较感兴趣　C. 中立　D. 不太感兴趣　E. 不感兴趣

3. 您在学习这门课第一章之前对该章知识的学习态度是

A. 非常感兴趣　B. 比较感兴趣　C. 中立　D. 不太感兴趣　E. 不感兴趣

4. 您在学习过这节课后，对第一章知识的学习态度是

A. 非常感兴趣　B. 比较感兴趣　C. 中立　D. 不太感兴趣　E. 不感兴趣

5. 您认为在这节课学习之前，您对第一章知识的理解

A. 非常好　B. 比较好　C. 一般　D. 不太好　E. 不好

6. 您认为在这节课学习之后，您对第一章知识的理解

A. 非常好　B. 比较好　C. 一般　D. 不太好　E. 不好

7. 您如何看待下述观点"本节课的互评活动加深了我对第一章知识的理解"

A. 非常赞同　B. 比较赞同　C. 不置可否　D. 不太赞同　E. 不赞同

8. 您如何看待下述观点"本节课中小组对未来教案的讨论加深了我对第一章知识的理解"

A. 非常赞同　B. 比较赞同　C. 不置可否　D. 不太赞同　E. 不赞同

9. 您如何看待下述观点"本节课对实践活动的及时分析加深了我对第一章知识的理解"

A. 非常赞同　B. 比较赞同　C. 不置可否　D. 不太赞同　E. 不赞同

10. 您如何看待下述观点"本节课的活动增加了我学习第一章知识的兴趣"

A. 非常赞同　B. 比较赞同　C. 不置可否　D. 不太赞同　E. 不赞同

11. 您如何看待下述观点"本节课的活动与第一章知识联系紧密"

A. 非常赞同　B. 比较赞同　C. 不置可否　D. 不太赞同　E. 不赞同

12. 您如何看待下述观点"信息化技术增加了我的额外负担"

A. 非常赞同　B. 比较赞同　C. 不置可否　D. 不太赞同　E. 不赞同

13. 您如何看待下述观点"信息化技术提高了我的学习效率"

A. 非常赞同　B. 比较赞同　C. 不置可否　D. 不太赞同　E. 不赞同

14. 您如何看待下述观点"我希望在课堂中使用信息化技术"

A. 非常赞同　B. 比较赞同　C. 不置可否　D. 不太赞同　E. 不赞同

15. 您如何看待下述观点"我很满意信息化技术为我带来的便利"

A. 非常赞同　B. 比较赞同　C. 不置可否　D. 不太赞同　E. 不赞同

16. 您如何看待下述观点"信息化技术为我的学习带来了便利"

A. 非常赞同　B. 比较赞同　C. 不置可否　D. 不太赞同　E. 不赞同

附录 4　基于信息化技术的相关专业教学模式改革与
实践调查问卷——教师卷

尊敬的先生 / 女士：

您好！

随着"互联网 +"的普及，移动互联终端已经渗透到社会的各个领域，教育业也不例外。为了使用信息化技术手段，推进中职教育教学改革，改革相关专业课堂教学模式，提高相关专业人才培养质量，进而为社会各领域输送所需的优秀人才，我校承担了该项目的研究。为此，我们设置了此项调查问卷，您的回答将作为我校这次承担该项目的参考，谢谢您的配合！

1. 贵校的名称是：

2. 贵校是否有免费 Wi-Fi？［单选题］

　　□ 有　　　　□ 没有

3. 贵校在哪些地方可以用免费 Wi-Fi？［多选题］

　　□ 办公室　　□ 教室　　□ 生活区　　□ 操场　　□ 餐厅　　□ 其他 ＿＿＿＿＿

4. 贵校管理学生手机的情况？［单选题］

　　□ 上课收手机　　　□ 入校收手机　　　　　□ 上课允许带手机

　　□ 不对学生手机进行管理　　　　　　□ 不允许学生带手机进校

5. 您上课时是否将手机带入课堂？［单选题］

　　□ 是　　　　□ 否

6. 您认为学生上课带手机？［单选题］

　　□ 利大于弊　　　□ 弊大于利

7. 您认为上课允许学生带手机的弊端是？［多选题］

　　□ 会分散学生上课的注意力　　　□ 学生控制不住自己想玩

　　□ 手机的铃声会影响课堂秩序　　　□ 其他 ＿＿＿＿＿

8. 如果上课使用手机教学您认为有哪些好处？[多选题]

　　□ 随时查阅资料　　　　　　□ 有利于老师同学之间互动

　　□ 及时分享任务完成情况　　□ 增加学习的乐趣

　　□ 可以丰富学习资源　　　　□ 没好处

　　□ 其他 _____

9. 如果上课允许带手机，您认为学生能控制自己只用手机进行学习活动、抵制住手机的诱惑吗？[单选题]

　　□ 学生可以管住自己　　□ 不能

　　□ 看老师的管理能力　　□ 看课程的吸引力

10. 如果上课允许学生带手机，您认为可以通过什么方式控制课堂秩序？[多选题]

　　□ 自律　　　　　　　　　　　□ 班主任严格要求并计入班级考核

　　□ 提高课程的趣味性和实用性　□ 老师通过软件和网络控制加强管理

　　□ 其他

11. 您认为学生在校期间课下什么时间或地点可以使用手机 [多选题]

　　□ 课间　　□ 晚自习　　□ 宿舍

　　□ 周末　　□ 其他 _____

12. 您平时教学喜欢哪种数字资源？[多选题]

　　□ 视频　　□ 文字　　　□ 图片　　　□ 其他 _____

13. 您课下时间是否使用过手机通信软件与学生交流？[单选题]

　　□ 是　　　□ 否

14. 您与学生课下主要沟通的内容是？[多选题]

　　□ 通知　　□ 作业　　□ 讨论问题　　□ 教学　　□ 发红包

　　□ 其他 _____

15. 您在课堂上用手机给学生上过课吗？[单选题]

　　□ 有　　　□ 没有

16. 课堂上您跟学生用手机沟通什么？[多选题]

　　□ 通知　　□ 作业　　□ 讨论问题　　□ 教学　　□ 发红包

　　□ 其他 _____

17. 贵校教室里装有触控式一体机（含有交互电子白板功能、上网功能）等信息化教学设备吗？ [单选题]

　　□ 每一间教室都有　□ 有，但不多　　　□ 没有

18. 贵校学生使用平板电脑上课吗？ [单选题]

　　□ 所有学生使用　□ 试点班级使用　　　□ 不使用

19. 您在课堂教学中尝试过利用"翻转课堂"教学模式进行教学吗？ [单选题]

　　□ 尝试过　□ 没有

20. 您认为利用"翻转课堂"教学模式进行教学的效果怎样？ [单选题]

　　□ 一般　□ 比较好　□ 很好　□ 不好　□ 不好评价

21. 您认为利用"翻转课堂"教学模式的困难在于？ [多选题]

　　□ 学生的认知能力、自学能力及参与、配合程度

　　□ 翻转课堂所需的教学资源

　　□ 翻转课堂教学模式下课堂及学生所需要的设备

　　□ 课堂组织

22. 您在课堂教学中尝试过利用"混合式"教学模式进行教学吗？ [单选题]

　　□ 尝试过　□ 没有

23. 您认为利用"混合式"教学模式进行教学的效果怎样？ [单选题]

　　□ 一般　□ 比较好　□ 很好　□ 不好　□ 不好评价

24. 您善于使用的教学方法是？ [多选题]

　　□ 任务驱动法　　□ 讲授讨论法　□ 练习实验法　□ 发现探究法

　　□ 项目教学法　　□ 角色扮演　　□ 情景模拟　　□ 其他 _____

25. 您认为哪些授课方式可以提高学生的学习效果？ [多选题]

　　□ 教师利用 QQ 群等方式集中讨论问题并给予指导

　　□ 教师利用网络课程平台或微博（微信）等网络方式讨论问题给予指导

　　□ 分成小组，小组内互动学习，教师集中评分

□ 教学过程全面采用多媒体手段，现场运行程序和结果

□ 其他 _____

26. 学生参与您的课堂的方式有哪些？［多选题］

□ 回答老师的提问　　　　□ 小组讨论　　□ 作品展示

□ 角色扮演　　　　　　　□ 其他 _____

27. 您要求学生提交作业的形式是？［多选题］

□ 作业本　　　　　　　□ 通过电子教室软件传给老师

□ 通过 QQ 等软件上传　　□ 通过云盘等上传

□ 其他 _____

28. 您上课善于采用哪些类型的课程资源？［多选题］

□ 课件　　　□ 视频　　□ 音频　　　□ 动画　　□ 微课

□ MOOC 课　　□ 导学案　　　□ 微视频　　□ 图文教程　□ 图片

□ 教学任务书　□ 其他 _____

29. 您用什么方式将教学资源提供给学生？［多选题］

□ 上课课件演示展示　　□ 群共享　　　□ 教学软件分发

□ 移动设备使用　　　　□ 其他 _____

30. 您能够熟练地制作以下那些资源？［多选题］

□ 课件　　　□ 视频　　　□ 音频　　　□ 动画　　　□ 微课

□ MOOC 课　□ 导学案　　□ 微视频　　□ 图文教程

□ 图片　　　□ 教学任务书　□ 其他 _____

31. 您制作数字资源时使用过哪些类型的软件？［多选题］

□ PPT 课件制作软件　　□ 视频处理软件　　　□ 录屏软件

□ 图片处理软件　　　　□ 动画制作软件　　　□ 海报制作软件

□ 其他 _____

32. 你认为哪种教学模式更有效果？［单选题］

□ 传统的板书讲解

□ 利用多媒体讲解

□ 学生自己探求新知为主，老师引导为辅

□ 老师讲解为主，适当让学生自己思考解决问题

□ "翻转课堂"教学模式

□ 混合式教学模式

附录5 基于信息化技术的相关专业教学模式改革与实践调查问卷——学生卷

亲爱的同学：

你好！

随着"互联网+"的普及，移动互联终端已经渗透到社会的各个领域，教育业也不例外。为了使用信息化手段，推进中职教育教学改革，改革中职相关专业课堂教学，创建同学们喜闻乐见的课堂教学模式，进而为社会各领域输送所需的优秀人才，我校承担了该项目的研究。为此，我们设置了此项调查问卷，你的真实回答对我们很重要！它将作为我校这次承担该项目的参考，谢谢你的配合！

1. 贵校的名称是：

2. 你的住校情况？[单选题]

　　□ 住校生　　　　□ 走读生

3. 你所在学校是否有免费 Wi-Fi？[单选题]

　　□ 有　　□ 没有

4. 你们学校在哪些地点有免费的 Wi-Fi？

　　□ 办公楼　　　□ 教学楼　　　□ 操场　　　　□ 餐厅

　　□ 宿舍　　　　□ 其他 ＿＿＿＿＿

5. 你家里能不能上网？[单选题]

　　□ 能　　□ 不能

6. 你每天使用手机的上网时长为？[单选题]

　　□ 0.5 小时以下　　□ 0.5 小时～2 小时　　□ 3 小时以上

　　□ 全天 24 小时在线

7. 你上网一般做什么？［多选题］

　　□ 聊天　　□ 浏览新闻　　□ 玩游戏　　　□ 学习

　　□ 购物　　□ 其他 _____

8. 你所在学校管理手机的情况为？［单选题］

　　□ 入校收手机　　□ 上课收手机　　　　□ 上课允许带手机

　　□ 其他 _____

9. 你认为上课带手机？［单选题］

　　□ 利大于弊　　　□ 弊大于利　　□ 不清楚

10. 你认为上课允许带手机的弊端是？［多选题］

　　□ 会分散注意力　　　　　□ 控制不住自己想玩

　　□ 手机的铃声会影响课堂秩序　　□ 在老师管理时易发生冲突

　　□ 其他 _____

11. 如果上课使用手机教学你认为有哪些好处？［多选题］

　　□ 随时查阅资料　　　　　□ 有利于老师同学之间互动

　　□ 及时分享任务完成情况　　□ 增加学习的乐趣

　　□ 可以丰富学习资源　　　□ 没好处

　　□ 其他 _____

12. 如果上课允许带手机，你感觉能控制住自己，只用手机学习、抵制住手机上网玩游戏的诱惑吗？［单选题］

　　□ 能，我可以控制住自己　□ 不能，只要手机在手，我就想玩游戏上网

　　□ 看老师的管理能力　　□ 看课程的吸引力　　□ 不清楚

13. 如果上课允许带手机，你感觉可以通过什么方式控制课堂秩序？［多选题］

　　□ 自律　　　　　　　　□ 班主任严格要求并计入班级考核

　　□ 提高课程的趣味性和实用性　□ 老师加强管理

　　□ 通过软件和网络控制　　□ 不清楚

14. 课余你可以使用手机的时间是？［多选题］

　　□ 课间　　□ 晚自习　　□ 晚上睡觉前　　　□ 周末

15. 你使用手机微信吗？［单选题］

　　□ 使用　　□ 不使用

16. 你经常使用微信的哪些功能。[多选题]

　　□ 聊天　　　　□ 抢红包　　□ 打车　　　□ 购物

　　□ 涉猎新闻等有用信息　　□ 接通知　　□ 了解朋友的信息

　　□ 传递文件　　□ 其他 ＿＿＿＿＿＿

17. 贵校教室里装有触控式一体机（含有交互电子白板功能、上网功能）等信息化教学设备吗？［单选题］

　　□ 每一间教室都有　□ 有，但不多　　□ 没有

18. 贵校学生使用平板电脑上课吗？［单选题］

　　□ 所有学生使用　□ 试点班级使用　　□ 不使用

19. 你使用手机 QQ 吗？［单选题］

　　□ 使用　□ 不使用

20. 你使用手机 QQ 的哪些功能？［多选题］

　　□ 聊天　　□ 抢红包　　　□ 打车　　　□ 购物

　　□ 涉猎新闻及有用信息　□ 接通知　　　□ 了解朋友的信息

　　□ 远程桌面（共享屏幕）□ 创建讨论组　□ 远程演示

　　□ 签到　　□ 提交作业　　□ 其他 ＿＿＿＿＿＿

21. 你业余时间参与过网上学习吗？［单选题］

　　□ 参与过　　　　□ 没有

22. 你参与网上学习是以什么方式来学习的？［多选题］

　　□ 看视频　　　　□ 在线学习网络课程　□ 看电子书　□ 听广播

　　□ 其他 ＿＿＿＿＿＿

23. 任课老师课下时间使用手机跟你们交流过吗？［单选题］[必答题]

　　□ 没有　□ 有，只课下时间　　□ 有，课上和课下

　　□ 有，放假时间

24. 任课老师课下主要沟通内容是？［单选题］

　　□ 通知　□ 作业　　□ 讨论问题　　□ 教学

　　□ 发红包

25. 你认为老师的哪些授课方式可以提高学习效果 [多选题]

□ 教师板书讲解　　□ 教师边讲边带学生练习

□ 教师课件讲解　　□ 教师边讲边操作演示

□ 教学过程全面采用多媒体手段，分成小组，小组内通过讨论探求新知，教师引导评价

□ 其他 _____

26. 老师安排的需要在课下通过视频或课件自学的学习任务，你能认真去完成吗？[单选题]

□ 能　　□ 不能　　□ 看情况

27. 在课堂学习过程中，你愿意主动参与学习讨论还是坐享其成？[单选题]

□ 主动参与讨论　　□ 坐享其成

28. 在学习过程中，你接触过"翻转课堂"教学吗？[单选题]

□ 接触过　　□ 没有

29. 如果你接触过"翻转课堂"教学，你喜欢这种教学模式吗？[单选题]

□ 喜欢　　□ 不喜欢　　□ 不清楚

30. 在学校教学过程中，贵校相关专业教师使用过"翻转课堂"教学吗？[单选题]

□ 使用过　　□ 没有　　□ 不清楚

附录 6　教学综合实践项目学习小组表现情况评价表

亲爱的同学：

你好！

请你根据每个学习小组教学综合项目的表现，为其相对应的评分项目进行数值评分。评分项目共有五项："教学者""教学内容""传播媒体""教学对象""传播效果"。

　　每位同学需要对以上五个部分的评分项目进行数值评分，数值评分与表现等级、评级的关系如下表所示：

数值评分范围	等级	评级
18 分～20 分	优秀	A
15 分～17 分	良好	B
12 分～14 分	一般	C
9 分～11 分	及格	D
0 分～8 分	不及格	F

教学者

是否起到了传播中"把关人"的作用
对教育信息的筛选、加工是否合理
是否了解学生在学习学科内容时的认知特点
表达规范、条理性好；普通话标准、声音洪亮；教姿教态得体
板书有条理、简洁直观
是否掌握所教学科的基本知识、基本原理与技能

教学内容

是否符合所教学科课程标准
是否开发了丰富的教学资源
教学资源与教学目标是否匹配
教学资源利用是否合理

传播媒体

传播媒体的选择与利用是否恰当
传播通道是否畅通
媒体是否达到了较高的效能

教学对象

是否能较为顺畅地获取教学信息
是否能较为准确地获取教学信息
是否能积极参与教学活动

传播效果

教师所教与学生所学知识是否一致
学生通过课程所学知识是否有用
学生通过课程所学知识是否能够迁移到其他情境

附录7 教学综合实践项目组内成员贡献情况互评表

亲爱的同学：

你好！

请你根据与你共同完成学习任务的其他学习同伴的表现，如实回答下列题目。每道题目均为李克特量表，你需要为每个题目从以下五个选项中选择唯一的选项：

A. 同意　B. 比较同意　C. 中立　D. 不太同意　E. 不同意

实践态度部分

1. 该同学在期末综合实践过程中主动承担任务
2. 我对该同学在期末综合实践过程中的工作态度十分满意

实践效果部分

3.该同学的工作量高于组内所有成员的平均水平
4.该同学完成任务的质量高于组内所有成员的平均水平

实践交互部分

5.我很满意该同学与组内各成员的沟通方式
6.我很满意该同学与组内各成员的沟通效果

实践综合评价

7.我认为该同学在完成期末综合实践作业的整体表现： A.完美 B.优秀 C.良好 D.一般 E.不尽如人意 F.失败

如果你们小组每个成员得分相加之和为 100 分

8.你愿意为该同学所做工作分配 _____ 分

附录 8 相关系职业达标制度

一、推行职业达标制度的目的

大力推行职业达标考评制度，推进三教改革，培育学生的职业素质，督促学生形成明确的专业学习目标，提高学生道德养成及学习的积极性、主动性，提高学生的学习质量，引导学生的专业技能培养方向，全面培养学生的职业素养，打造学生的专业核心能力，增强相关系毕业生的就业竞争力，实现学校教育与工作岗位的无缝对接。

二、职业达标制度依据

依据学校的学生综合测评制度和相关系专业知识学习、职业技能训练、资格证书考取"三元融合、能力递升"的人才培养模式制定职业达标制度。

三、整体思路

在相关系所有学生中开展职业达标考评制度，具体包括职业素质达标制度、职业技能达标制度、职业资格达标制度。

四、职业达标考评委员会的组成

相关系成立职业达标考评委员会，全面负责学生的职业达标测评工作。

职业达标考评委员会下设 3 个职业达标考评小组，分别为学生职业素质达标考评小组、学生职业技能达标考评小组、学生职业资格达标考评小组，各考评小组人员一般为 5 ~ 7 人，其中校外人员 1 ~ 2 名。

五、考评程序、考评等次及标准

三个考评小组分别进行相关的考评，并制定相应的考评标准及实施细则。考评小组根据考评目标，进行分项目考评，每个分项目的考评等次分为优秀、良好、合格、不合格。

（一）学生职业素质达标考评

1. 考评等次及标准

在校的每个学期都要对学生进行职业素质达标考评，考评方法为按照当前学生综合测评评价体系，确定品德实践分满分为 20 分，超过 20 分按 20 计算，基础分为 15 分。品德实践分计算方法为 15 分 + 奖惩分。

每个学生每个学期德育分计算一次，并按如下标准划定评价等级。

优秀：德育分 18 分以上（含 18 分）。

良好：德育分 15 ~ 18 分（含 15 分）。

合格：德育分 10 ~ 15 分（含 10 分）。

不合格：德育分 10 分以下。

2. 考评负责人

由辅导员负责本班学生的考评，确定最终的等次，职业素质达标考评小组负责抽查或检查。

3. 考评时间

考评时间为每学期的期末或下学期的期初。

（二）学生职业技能达标考评

1. 考评项目

学生职业技能达标考评项目包括相关核算技能、相关信息化技能、财务大数据分析技能等。

2. 考评等次及标准

（1）相关核算技能。与智能财税综合实训对接，借助智能财税综合实训平台进行技能达标。

优秀：能独立完成相关核算的全部流程及完成财务报告的编制，相关核算及财务报告无差错。

良好：能独立完成相关核算的全部流程及完成财务报告的编制，相关核算及财务报告基本无差错。

合格：能独立完成相关核算的全部流程及完成财务报告的编制，相关核算及财务报告有较少差错。

不合格：不能独立完成相关核算的全部流程及完成财务报告的编制，相关核算及财务报告有较多差错。

（2）相关信息化技能。与相关信息系统应用课程对接，借助相关信息化软件进行技能达标。

优秀：能熟练运用财务软件独立完成相关核算的全部流程及完成财务报告的编制，相关核算及财务报告无差错。

良好：能运用财务软件独立完成相关核算的全部流程及完成财务报告的编制，相关核算及财务报告基本无差错。

合格：能运用财务软件独立完成相关核算的全部流程及完成财务报告的编制，相关核算及财务报告有较少差错。

不合格：不能运用财务软件独立完成相关核算的全部流程及完成财务报告的编制，相关核算及财务报告有较多差错。

（3）财务大数据分析技能。与财务大数据分析课程对接，借助财务大数据分析实训平台进行技能达标。

优秀：能熟练独立运用财务大数据分析实训平台完成企业财务数据搜集、整理、分析等全部业务操作及完成财务分析报告的编制，财务分析报告内容准确、数据可视化程度高，数据无差错。

良好：能独立运用财务大数据分析实训平台完成企业财务数据搜集、整理、分析等全部业务操作及完成财务分析报告的编制，财务分析报告内容基本准确、数据可视化程度较高，数据基本无差错。

合格：能独立运用财务大数据分析实训平台完成企业财务数据搜集、整理、分析等全部业务操作及完成财务分析报告的编制，基本能实现数据可视化，数据有较少差错。

不合格：不能独立运用财务大数据分析实训平台完成企业财务数据搜集、整理、分析等全部业务操作及完成财务分析报告的编制，数据不能实现可视化，数据有较多差错。

3. 考评负责人及考评办法

职业技能达标考评具体负责人情况表

序　号	考评项目	达标考评负责人	具体任务
1	相关核算技能	智能财税综合实训课程任课教师	监考、现场考核、成绩统计
2	相关信息化技能	相关信息系统应用课程任课教师	监考、现场考核、成绩统计
3	相关实操技能	财务大数据分析课程任课教师	监考、现场考核、成绩统计

职业技能达标考评小组组织各相关课程的任课教师，对各项目进行集中达标考评，确定相应的等次。

职业技能达标考评小组需组织相关教研室，制定相关核算技能、相关信息化技能、财务大数据分析技能三个项目的达标考评实施细则，还需组织相关教研室的教师进行题库建设、考核材料准备等工作。

4.考评时间

在各课程开设的学期末或其他适当的时间。

（三）学生职业资格达标考评

职业资格达标考评不评定学生的等次，只考评学生职业资格证书（或专业证书）的通过情况，原则上要求至少获取一个职业证书。

1.考评的职业资格证书（或专业证书）

考评相关系各专业（方向）学生必须考取的职业资格证书（或专业证书），具体包括以下证书：

①初级相关师证书；

②上述证书的同级别证书、注册相关师单科证书、1+X系列证书、其他行业协会职业技能等级证书、技能大赛获奖证书等。

2.考评负责人

由各班辅导员直接负责本班学生职业资格达标考评，确定、记录学生职业资格证书（或专业证书）的通过情况，并收集学生的职业资格证书（或专业证书）复印件。

3.考评时间

在学生入学后的第五个学期期末考试前后。

六、达标成绩的登记与档案的保管

（1）为每位学生配备学生职业达标考评表，对学生各项目的考评等次进行记录、签章等，平时由相关系实践教学管理部门保管。

（2）学生各项目的考评等次由考评直接负责人确定，各考评委员会负责抽查、检查或组织管理，考评直接负责人将测评结果交给各班辅导员。

（3）各班辅导员在需要时，领取并填写本班学生的职业达标考评表，各考评小组组长在学生的考评等次后签章，职业达标考评委员会主任也要在考评表上签章确认。

（4）职业达标考评表一式两份，一份由各辅导员在学生毕业离校前放入学生档案，另一份由相关系保留存档。

附录 9　学生职业达标考评表

专业（方向）＿＿＿＿　班级＿＿＿＿　学号＿＿＿＿　姓名＿＿＿＿

项目		等次				达标考评小组组长签章
		优秀	良好	合格	不合格	
职业素质	第一学期					
	第二学期					
	第三学期					
	第四学期					
	第五学期					
	第六学期					
职业技能	相关核算技能					
	相关信息化技能					
	财务大数据分析技能					
职业资格	职业技能证书	是否通过		备注（证书或大赛名称）		
	初级相关师证书					
	1+X 证书					
	其他职业证书					
	职业技能大赛获奖证书					

签章

（职业达标考评委员会）

附录10　毕业生跟踪调查问卷——学生篇

亲爱的毕业生同学：

您好！

学校为进一步提高教育教学质量，培养适应经济社会发展需要、具有较强职业岗位能力和较高综合素质的高技能型人才，对毕业生同学进行问卷调查，请结合自身工作实际对学校的教育教学等工作给予客观评价并给出宝贵的意见和建议，谢谢！

第1题：

姓名 _____　性别 _____　学制 _____　毕业时间 _____

专业 _____　联系电话 _____　　　参加工作时间 _____

工作单位 _____　　　工作岗位 _____

现任职务 _____

第2题：

你目前是否有全职的工作 [单选题]

　□ 有工作，与专业有关　□ 有工作，与专业无关

　□ 有工作，自主创业　□ 无工作

第3题：

工作单位的性质 [单选题]

　□ 国有 / 国有股份制　□ 政府机构 / 科研事业　□ 中外合资

　□ 外方独资　　　　　□ 民营 / 个体单位性质

第4题：

工作单位是否世界500强或中国百强企业 [单选题]

　□ 是　　　□ 否

第5题：

工作平均收入（含奖金、加班费、提成等）：_____ [填空题]

第 6 题:

享受哪几种保险 [多选题]

　□ 养老　□ 医疗　□ 事业　□ 工伤　□ 生育　□ 住房公积金　□ 无保险

第 7 题:

工作单位的规模 [单选题]

　□ 50 人以下　□ 50 ～ 300 人　□ 301 ～ 500 人　□ 500 以上

第 8 题:

现从事的工作岗位 [单选题]

　□ 管理岗位　□ 技术岗位　□ 教师　□ 办公室文员　□ 收银员

　□ 服务人员　□ 操作岗位　□ 其他

第 9 题:

工作单位所在行业 [单选题]

　□ 汽车业　□ 轨道交通　□ 机械制造　□ 食品加工　□ 生物医药

　□ 光电信息　□ 新能源　□ IT 行业　□ 旅游业　□ 服务业

　□ 教育　□ 其他

第 10 题:

你认为就业市场对你所学专业的需求如何 [单选题]

　□ 需求量很大　□ 需求量较大　□ 需求量较小　□ 无需求

第 11 题:

你毕业后的第一份工作来自 [单选题]

　□ 学校推荐　□ 政府机构组织的招聘会　□ 媒体网络

　□ 亲戚朋友　□ 向用人单位申请　□ 其他

第 12 题:

你认为母校哪项就业指导服务对你求职就业帮助最大 [单选题]

　□ 职业生涯规划　□ 求职策略　□ 面试技巧

　□ 简历制作技巧　□ 校园招聘会

第 13 题:

你认为母校以下哪项活动对你工作帮助最大 [单选题]

　□ 基础理论　□ 专业知识　□ 实习实践　□ 课外活动和社会实践

第 14 题：

你认为对你工作最有帮助的课程 _____ [填空题]

第 15 题：

你对母校以下几个方面是否满意 [矩阵单选题]

题目 \ 选项　　　　很满意　满意　不满意　很不满意　不评价

课程设置

课程内容

教学模式

校风学风

专业教师素质

就业指导服务工作

对母校总体满意度

第 16 题：

通过学校培养，你掌握的知识达到本工作岗位要求的百分比 [单选题]

　□ 优秀（85% 以上）　　□ 良好（75% ～ 85%）

　□ 一般（60% ～ 75%）　□ 差（60% 以下）

第 17 题：

通过学校培养，你具备的工作能力达到本工作岗位要求的百分比 [单选题]

　□ 优秀（85% 以上）　　□ 良好（75% ～ 85%）

　□ 一般（60% ～ 75%）　□ 差（60% 以下）

第 18 题：

是否能够顺利完成企业交给的工作任务 [单选题]

　□ 是　　　□ 否

第 19 题：

为满足工作需要，你认为还要掌握哪些技能 _____ [填空题]

第 20 题：

结合工作需要和自身实际，你认为还要学习哪些知识：_____ 其中应在校学习的知识有 _____ [填空题]

第 21 题：

你是否愿意在同等分数同类学校中推荐你的母校给亲朋好友就读 [单选题]

　　□ 愿意　　□ 不愿意　　□ 不肯定

第 22 题：

你有过 _____ 次离职经历 [填空题]

第 23 题：

你离职的主要原因 [单选题]

　　□ 主动离职　　□ 被雇主解聘　　□ 两者都有

第 24 题：

你主动离职的主要原因是什么？[多选题]

　　□ 找到新的工作　　□ 个人发展空间不够　　□ 想改变职业

　　□ 薪资福利偏低　　□ 工作要求和压力太大

　　□ 对企业管理制度和文化不适应　　□ 其他

第 25 题：

雇主解聘你的主要原因 [单选题]

　　□ 公司裁员　　□ 工作能力或专业水平欠缺

　　□ 价值取向和企业文化不符合　　□ 业绩达不到要求

　　□ 行为或工作出现重大失误　　□ 其他

第 26 题：

工作后，你是否参加过培训？[单选题]

　　□ 是　　□ 否

第 27 题：

是企业内训还是外派？[单选题]

　　□ 内训　　□ 外派

第 28 题：

是否获得过晋升？[单选题]

　　□ 是　　□ 否

第 29 题：

在企业中是否获得过荣誉奖励？［单选题］

　□是　□否

第 30 题：请结合你的工作实际，写出你对学校专业建设的意见和建议。［填空题］

附录 11：毕业生跟踪调查问卷——企业篇

第 1 题：

单位名称：_____［填空题］

第 2 题：

单位地址：_____［填空题］

第 3 题：

负责招聘的部门：_____　负责人：_____［填空题］

第 4 题：

联系电话：_____　传真：_____［填空题］

第 5 题：

电子邮箱：_____　单位主页：_____［填空题］

第 6 题：

毕业生姓名：_____　所学专业：_____　班级 _____［填空题］

第 7 题：

参加工作时间：_____　工作岗位：_____　担任职务：_____［填空题］

第 8 题：

获奖情况：_____［填空题］

第 9 题：

对我校毕业生总体评价：［单选题］

　□非常称职　□称职　□基本称职　□不称职

第 10 题：

贵单位的所有制性质：[单选题]

　　□ 政府机关　　□ 事业单位　　　　□ 国有企业

　　□ 合资、外资企业　　私营企业　　□ 其他

第 11 题：

贵单位所属行业 [单选题]

　　□ 制造业　　　□ 社会服务业　　　　□ 零售贸易、餐饮业

　　□ 教育、文化艺术及广播电影业　　□ 机关

　　□ 交通运输、仓储及邮电通信业　　□ 建筑业　　□ 房地产业　　□ 其他

第 12 题：

您认为我校毕业生的社会声誉：[单选题]

　　□ 很好　　□ 好　　□ 比较好　　□ 不太好　　□ 不好

第 13 题：

我校毕业生在贵单位从事最多的岗位 [单选题]

　　□ 财会专业　　□ 行政管理　　□ 销售/采购　　□ 设计/创意　　□ 其他

第 14 题：

我校毕业生在贵单位薪资情况：第一年月均薪资：_____ 第二年月均

薪资：_____ [填空题]

第 15 题：

我校毕业生综合评价程度：[矩阵单选题]

题目\选项　　　　很好　比较好　一般　不太好　不好

道德水准

吃苦精神

职业定位

工作态度

知识结构

适应能力

技能水平

市场意识

表达能力

心理素质

学习能力

管理能力

合作意识

外语水平

计算机水平

创新能力

继续教育

综合能力

第 16 题：

我校毕业生在贵单位有无突出表现，有哪些明显不足？［填空题］

第 17 题：

您对我校教育教学、专业设置、人才培养有何意见和建议？［填空题］

第 18 题：

贵单位对我校毕业生需求情况：［填空题］

第 19 题：

其他人才需求意见、"订单式"培养建议：［填空题］

附录 12 高阶学习效能影响因素调查问卷

教学平台接受度方面

教学平台丰富了学习活动

在掌握新知识方面这个教学平台对我很有帮助

教学平台提供的学习方法使学习过程很顺利

教学平台帮助我获得了很有用的学习信息

教学平台帮助我学习得更好

教学平台比传统教学的学习方法更有用

学习操作这个教学平台对我来说不困难

我很快学会了使用这个教学平台

教学平台所引导的教学活动很容易理解和跟上

我觉得这个教学平台的界面很容易使用

喜欢使用这个教学平台，因为它提供了丰富的信息化学习资源

我会在学习过程中努力跟随教学平台提供的学习导引

使用这个教学平台使学习活动更有趣

我会向别人推荐这个教学平台

学习方式满意度方面

学习活动的任务使我能更好地理解如何对学习内容的知识点进行辨别和归类

学习活动的任务不是很容易完成，但学习方法很容易理解

使用教学平台学习比传统学习更加有挑战性、更加有趣

教学平台提供了丰富的教学资源，对我的专业学习很有帮助

我因为使用了这个教学平台而尝试了新的学习方法

教学平台所提供的在线教学与线下课堂教学交流和实践对我的学习很有帮助

使用教学平台学习，我学会了如何从新的角度发现问题

学习兴趣方面

我对传统的课堂教学不感兴趣

我对使用教学平台线上线下的混合式教学很感兴趣

我觉得这个教学平台很有趣

我非常期待使用教学平台的混合式学习，并且在每次上课之前做好准备

这种使用教学平台的混合式教学非常吸引我的注意

与传统教学相比，这种使用教学平台的混合式教学对我来说更加有趣

传统的教学不能像这种使用教学平台的混合式教学一样吸引我

学习态度与动机方面

专业课程很有价值，值得学习

企业财务相关作为专业课值得学好

我会很积极地学习更多的专业知识和参加更多的专业实践

学好相关专业课程对每个同学来说都很重要

学习活动的内容对我来说很难

我不得不非常努力地完成学习活动的任务

对我来说解决学习中的问题有困难

在完成学习中的任务时我感到很沮丧

我没有足够的时间来解决学习活动中的问题

在学习活动中，教学方法或学习内容实际耗费了我非常多的精力

在学习活动中，我需要花费非常多的努力来完成学习任务或实现学习目标

学习活动中的教学方法，我很难跟上并理解

填写说明：请对以上说法进行符合程度打分。1分代表非常不符合；2分代表比较不符合；3分代表一般；4分代表比较符合；5分代表非常符合。

附录13　混合式教学对高阶学习效能影响因素调查问卷

尊敬的先生／女士：

您好！

随着"互联网＋"的普及，移动互联终端已经渗透到社会的各个领域，教育业也不例外。为了使用信息化技术手段，推进教育教学改革，改革课堂教学模式，提高人才培养质量，进而为社会各领域输送所需的优秀人才，我校承担了该项目的研究。为此，我们设置了此项调查问卷，您的回答将作为我校这次承担该项目的参考，谢谢您的配合！

基本信息

性别：

□ 男　　□ 女

年龄：_____ [填空题]

年级：

□ 一年级　□ 二年级　□ 三年级　□ 四年级

是否接触过混合式教学：

□ 是　　□ 否

每天网上学习时间：

□ 0.5 小时以下　　□ 0.5 ～ 1 小时　　□ 1 ～ 1.5 小时

□ 1.5 ～ 2 小时　　□ 2 小时以上

混合式教学对学习感知有用性部分

1. 混合式教学以及教学平台丰富了学习活动

□ 非常同意　□ 比较同意　□ 一般　□ 比较不同意　□ 非常不同意

2. 在掌握新知识方面这个混合式教学及教学平台对我很有帮助

□ 非常同意　□ 比较同意　□ 一般　□ 比较不同意　□ 非常不同意

3. 混合式教学提供的学习方法使学习过程很顺利

□ 非常同意　□ 比较同意　□ 一般　□ 比较不同意　□ 非常不同意

4. 混合式教学帮助我获得了很有用的学习信息

□ 非常同意　□ 比较同意　□ 一般　□ 比较不同意　□ 非常不同意

5. 混合式教学帮助我学习得更好

□ 非常同意　□ 比较同意　□ 一般　□ 比较不同意　□ 非常不同意

混合式教学对学习感知易用性部分

1. 学习操作这个混合式教学平台对我来说不困难

□ 非常同意　□ 比较同意　□ 一般　□ 比较不同意　□ 非常不同意

2. 我很快学会了使用这个教学平台

□ 非常同意　□ 比较同意　□ 一般　□ 比较不同意　□ 非常不同意

3. 混合式教学所引导的教学活动很容易理解和跟上

□ 非常同意　□ 比较同意　□ 一般　□ 比较不同意　□ 非常不同意

4. 我觉得这个混合式教学的教学平台界面很容易使用

□ 非常同意　□ 比较同意　□ 一般　□ 比较不同意　□ 非常不同意

混合式教学信任、学生学习态度部分

1. 信任混合式教学，因为它提供了丰富的信息化学习资源，使我的学习更好

□ 非常同意　□ 比较同意　□ 一般　□ 比较不同意　□ 非常不同意

2. 混合式教学所提供的在线教学与线下课堂教学交流和实践对我的学习很有帮助

□ 非常同意　□ 比较同意　□ 一般　□ 比较不同意　□ 非常不同意

3. 混合式教学提供的丰富的教学资源对我的专业学习很有帮助

□ 非常同意　□ 比较同意　□ 一般　□ 比较不同意　□ 非常不同意

学习动机方面

1. 混合式教学的任务使我能更好地理解如何对学习内容的知识点进行辨别和归类

□ 非常同意　□ 比较同意　□ 一般　□ 比较不同意　□ 非常不同意

2. 使用混合式教学方法学习比传统学习更加有挑战性，使我更加有动力学习

□ 非常同意　□ 比较同意　□ 一般　□ 比较不同意　□ 非常不同意

3. 使用混合式教学方式学习，我学会了如何从新的角度发现问题

□ 非常同意　□ 比较同意　□ 一般　□ 比较不同意　□ 非常不同意

学习兴趣方面、自我感知部分

1. 我对使用教学平台线上线下的混合式教学很感兴趣

□ 非常同意　□ 比较同意　□ 一般　□ 比较不同意　□ 非常不同意

2. 我非常期待使用教学平台的混合式学习，并且在每次上课之前做好准备

□ 非常同意 □ 比较同意 □ 一般 □ 比较不同意 □ 非常不同意

3. 这种使用教学平台的混合式教学非常吸引我的注意

□ 非常同意 □ 比较同意 □ 一般 □ 比较不同意 □ 非常不同意

4. 与传统教学相比，这种使用教学平台的混合式教学对我来说更加有趣

□ 非常同意 □ 比较同意 □ 一般 □ 比较不同意 □ 非常不同意

5. 我会在学习过程中努力跟随教学平台提供的学习导引

□ 非常同意 □ 比较同意 □ 一般 □ 比较不同意 □ 非常不同意

高阶学习效能方面

1. 对于混合式教学方法我很信任，在此基础上我的学习态度有了积极转变，使我的学习更好

□ 非常同意 □ 比较同意 □ 一般 □ 比较不同意 □ 非常不同意

2. 我积极地运用混合式教学方法提供的丰富资源进行学习，为了更好地发展

□ 非常同意 □ 比较同意 □ 一般 □ 比较不同意 □ 非常不同意

3. 混合式教学的相关教学环节和资源非常吸引我，我有兴趣，也认为紧跟各个教学任务，我能学好

□ 非常同意 □ 比较同意 □ 一般 □ 比较不同意 □ 非常不同意

4. 在使用混合式教学方法的过程中，我能更好、更快地掌握信息化的学习平台，使我更有信心学好

□ 非常同意 □ 比较同意 □ 一般 □ 比较不同意 □ 非常不同意

5. 在混合式教学的帮助下，我自己顺利完成学业任务的信念增强，思维、能力有所提升，行为有所改善

□ 非常同意 □ 比较同意 □ 一般 □ 比较不同意 □ 非常不同意